百年豪门
ARSENAL
阿森纳

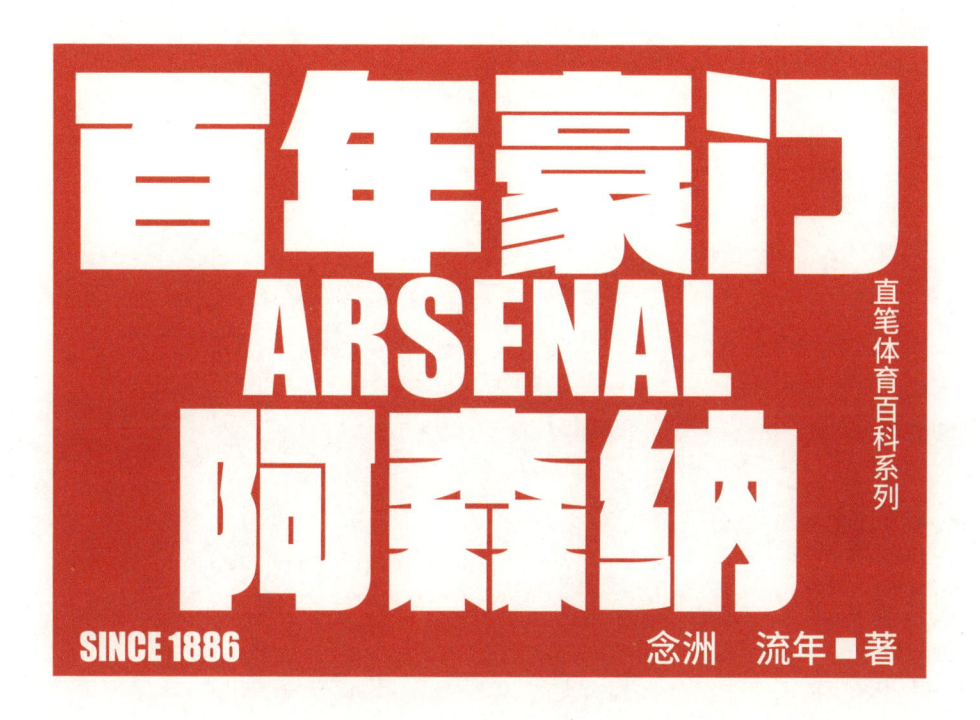

直笔体育百科系列

SINCE 1886

念洲　流年 ■ 著

北京时代华文书局

图书在版编目（CIP）数据

百年豪门. 阿森纳 / 念洲, 流年著. -- 北京 : 北京时代华文书局, 2025.5. -- ISBN 978-7-5699-5993-2

Ⅰ. G843.61

中国国家版本馆 CIP 数据核字第 2025T3J814 号

BAINIAN HAOMEN: ASENNA

出 版 人：	陈 涛
选题策划：	董振伟 　直笔体育
责任编辑：	马彰羚
执行编辑：	孙沛源
责任校对：	陈冬梅
装帧设计：	严 一 　迟 稳
责任印制：	刘 银

出版发行：北京时代华文书局 http://www.bjsdsj.com.cn
　　　　　北京市东城区安定门外大街 138 号皇城国际大厦 A 座 8 层
　　　　　邮编：100011　电话：010-64263661　64261528

印　　刷：	北京盛通印刷股份有限公司		
开　　本：	710 mm×1000 mm　1/16	成品尺寸：	170 mm×240 mm
印　　张：	14	字　　数：	200 千字
版　　次：	2025 年 5 月第 1 版	印　　次：	2025 年 5 月第 1 次印刷
定　　价：	68.00 元		

本书图片由视觉中国提供。

版权所有，侵权必究

本书如有印刷、装订等质量问题，本社负责调换，电话：010-64267955。

卷首语

2018年5月6日，北伦敦的天空艳阳高照，空气中却弥漫着悲伤的气息。酋长球场将近6万名观众眼含热泪，送别一位68岁的法国绅士。这是阿尔赛纳·温格最后一次以阿森纳队主教练的身份从球员通道中走出，他将纪念金杯高高举起，向全场球迷告别，也告别了长达22年的阿森纳队执教生涯。

卷首语

人们都说，阿森纳队的历史可以分为"前温格时代""温格时代""后温格时代"，这充分体现出温格崇高的地位与巨大的影响力。是的，如果没有这位法国教头的悉心调教，阿森纳队不可能成为英格兰足球超级联赛（简称"英超"）历史上唯一不败夺冠的球队，也不可能拥有华丽壮观的酋长球场。

温格的伟大毋庸置疑，但阿森纳队漫长的历史中并不只有一个温格，还有同样伟大的赫伯特·查普曼，以及执教时间仅次于温格的伯尔蒂·米和极具争议的乔治·格拉汉姆等人，他们与温格一起书写了"枪手"（阿森纳队的绰号）的传奇史书。

当这支北伦敦豪门球队还在苦苦寻找真正的温格接班人时，我们不妨来回溯它的过往，看看百余年来，阿森纳队是如何一步步走到今日的。

目 录
CONTENTS

第一章
阿森纳队的诞生

01 "枪声"初响……2
02 进入联赛……5
03 从升级到降级……9
04 北伦敦双雄结怨……13

第二章
伟大的开创者：赫伯特·查普曼

01 查普曼其人……18
02 "WM"阵形……23
03 冠军接踵而至……28
04 猝然去世……31
05 查普曼的继承者：三连冠伟业……34

第三章

光辉岁月

01 再夺冠军……42

02 0.099的优势……47

03 低谷沉浮……50

04 欧战首冠……53

05 首次"双冠王"……57

第四章

浮沉二十年

01 杯赛专家 再夺冠军……64

02 格拉汉姆：再造辉煌……70

03 18年首冠……75

04 第十冠 英格兰"双冠王"……78

05 问鼎欧战 8年7冠……83

第五章

温格：最伟大，没有之一

01 温格是谁？……90
02 驾临海布里球场……95
03 成就：18年17冠……99
04 巅峰：英超49场不败……104
05 最大遗憾 无缘欧冠……109

第六章

功过"温教授"

01 改变阿森纳队 改变英超……116
02 慧眼识珠 挖掘人才……120
03 修建球场的功与过……124
04 再见，温格……129

第七章

"后温格时代"

- 01 温格接班人：埃梅里……136
- 02 "四大皆空"又一年……139
- 03 埃梅里下课……143
- 04 阿尔特塔归来……147

第八章

何日辉煌再现？

- 01 足总杯夺冠……154
- 02 无缘欧战 25年首次……159
- 03 争四，距欧冠只差一步……163
- 04 英超亚军，重回争冠行列……168
- 05 惜乎两连亚 辉煌何日来？……173

荣耀殿堂

50大球星……180

队史最佳阵容……192

历届英超积分排名……193

冠军荣誉……194

纪录盘点……195

历史出场榜……196

历史进球榜……196

历任主帅及荣誉……197

历任队长……198

历任主席……198

主场变迁……199

队歌……201

联赛十大战役……203

欧洲赛事十大战役……208

中国情缘……213

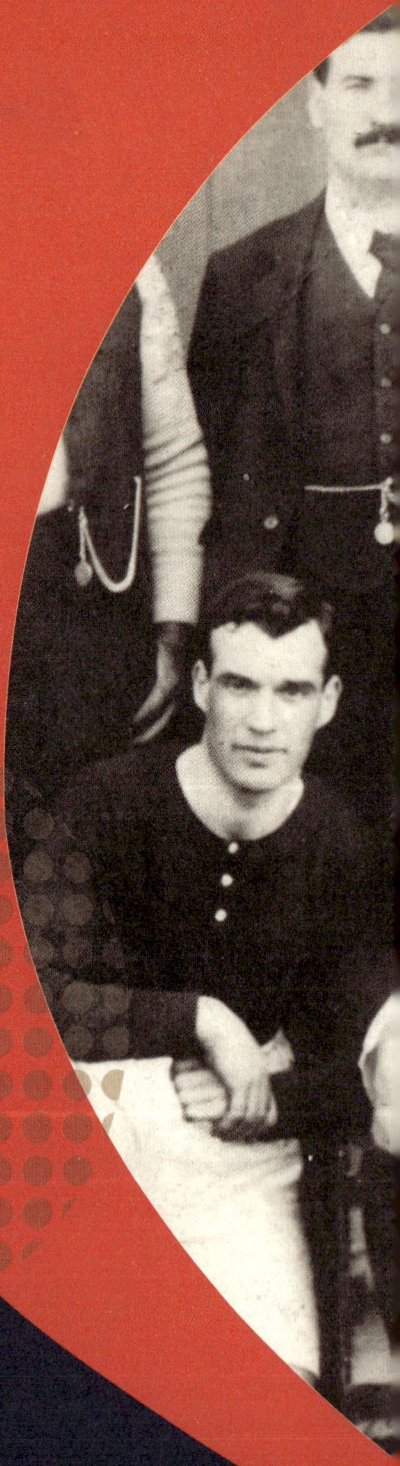

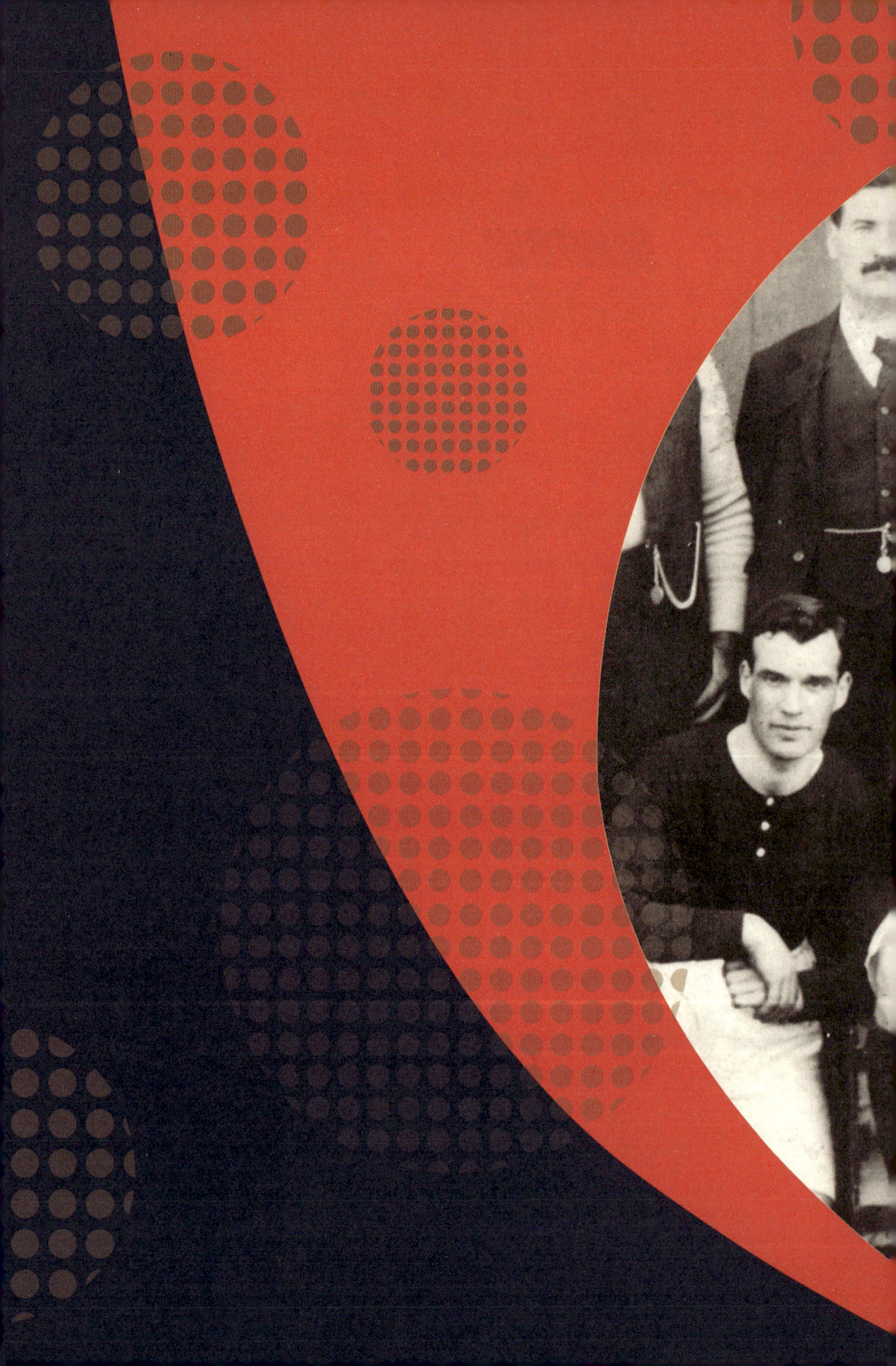

第一章
阿森纳队的诞生

阿森纳队成立于1886年,地点是伦敦东南部的伍尔维奇。

01

"枪声"初响

我们现在所熟知的阿森纳队，是由一群在皇家阿森纳兵工厂里工作的工人牵头建立起来的。兵工厂位于伍尔维奇戴尔广场，于是球队的第一个名字叫戴尔广场队。

01 "枪声"初响

阿森纳队成立于1886年,地点是伦敦东南部的伍尔维奇。19世纪80年代,正是现代足球的勃兴时期,而英格兰的足球重镇主要分布于北部与米德兰地区,南部的足球热情要明显逊色一些。不过在这一时期,有大量苏格兰人南下来到英格兰谋生,其中就有很多人在伍尔维奇的工厂里担任技师和技工,他们把足球也带到了这里。

我们现在所熟知的阿森纳队,是由一群在皇家阿森纳兵工厂里工作的工人牵头建立起来的。兵工厂位于伍尔维奇戴尔广场,于是球队的第一个名字叫戴尔广场队。

第一章 阿森纳队的诞生

领头的创建者是苏格兰人大卫·丹斯金。大卫·丹斯金曾经踢过业余足球，后来在兵工厂谋得一份工作。他通过募捐的方式凑齐一笔钱，为球队买来第一个球。1886年12月，戴尔广场队在米尔沃尔的一块球场上与东方流浪者队进行了球队历史上的第一场比赛，当时的场上队长就是大卫·丹斯金。另一位捐款参与者伊利亚·沃特金斯担任秘书。

杰克·汉布尔也是球队的主要创建者，他是英格兰东北部的达勒姆郡人，不到20岁就来到伦敦，在皇家阿森纳兵工厂工作。他非常关心时政，也努力为工人争取更多权利，其中就包括缩短工时、让工人获得更多的空闲时间。获得更多的空闲时间用来干吗？杰克·汉布尔与大卫·丹斯金等好友有共同的爱好——足球。

球队还有两位重要的创建者：弗雷德·比尔兹利和莫里斯·贝特斯。他俩都是诺丁汉人，曾在诺丁汉森林队踢过业余比赛，前者是门将，后者是后卫。而弗雷德·比尔兹利的最大贡献，是确定了阿森纳队球衣的颜色。

在与东方流浪者队的比赛中，戴尔广场队每名球员的穿着都不尽相同，上衣统一为蓝白间条衫，但短裤有穿白的，有穿黑的，五花八门。比赛之后不久就是1886年的圣诞节，在这一天，戴尔广场队更名为皇家阿森纳队。球队想使用统一的球衣球裤，最终选择诺丁汉森林队的红色作为主色调。

不过球队的资金非常有限，怎么办？弗雷德·比尔兹利出马向老东家求助，诺丁汉森林队非常慷慨，提供了一批红色球衣和一个球。在之后的很长一段时间里，皇家阿森纳队都被称为"伍尔维奇红军"，诺丁汉森林队则被叫作"诺丁汉红军"。

02

进入联赛

虽然加入了足球联赛系统，但伍尔维奇阿森纳队终究是刚从业余转为职业的球队，所以征战英乙的前四个赛季，球队都排在积分榜中游。

第一章 阿森纳队的诞生

这时的皇家阿森纳队还只是一支业余球队，有机会参加足总杯，但在1890—1891赛季止步第一轮。对手德比郡队的实力远超自己，这让杰克·汉布尔认识到，只有转为职业队，球队才能取得长足进步。然而他的决定遭到支持业余足球的伦敦足球总会的反对，球队因此被伦敦足球总会开除，并被禁止参加南部的所有杯赛。皇家阿森纳队的反抗方式是带头组织南部联赛，但并未得到伦敦其他球队的响应，只能作罢。

1893年是球队历史上重要的一年。在成立有限公司之后，皇家阿森纳队更名为伍尔维奇阿森纳队，还获得了进入英格兰足球乙级联赛（简称"英乙"）的机会。当时的英乙正打算从12支球队扩充至15支，从英格兰足球甲级联赛（简称"英甲"）降级的阿克灵顿队又正巧选择退出，原本在英乙的布特尔队也退出了，英乙的剩余名额变成五个，于是伍尔维奇阿森纳队、米德尔斯堡铁城队、罗瑟勒姆队、纽卡斯尔联队与利物浦队一同进入乙级联赛。

值得一提的是，英乙官方一直称呼伍尔维奇阿森纳队为皇家阿森纳队，直到三年后才认识到错误而改口。更有意思的是，就在伍尔维奇阿森纳队进入英乙的这一年，本来由其倡议但未得到响应的南部联赛却建立起来。直到1938年，阿森纳队才加入南部联赛，不过去参赛的不是一队，而是二队。

虽然加入了足球联赛系统，但伍尔维奇阿森纳队终究是刚从业余转为职业的球队，所以征战英乙的前四个赛季，球队都排在积分榜中游。不过阵中也有一些值得提起的球员，比如门将查理·威廉姆斯，他曾在与曼彻斯特城队（简称"曼

02 进入联赛

城队")的比赛中开球门球直接破门得分。

1896—1897赛季，伍尔维奇阿森纳队仅位列积分榜第10名，于是球队决定聘请一位职业主帅，曾执教布莱克本流浪者队的苏格兰人托马斯·米切尔成为球队历史上第一位职业主教练。

不过在执教几个月后，托马斯·米切尔就被威廉·埃尔科特取代。威廉·埃尔科特是英格兰人，但阿森纳队阵中多是苏格兰球员，主力11人中有8人是苏格兰人。其中最著名的是队长约翰·迪克，他以体能充沛、不知疲倦著称，跑6.5英

第一章 阿森纳队的诞生

里（1英里约等于1.61千米）越野赛只需33分45秒。

1899年，第二次布尔战争爆发，兵工厂的工人每周六下午忙着工作，无法为伍尔维奇阿森纳队的比赛捧场，球队的门票收入大减。为了保持球队的资金运转，许多球员被解除合约。但幸运的是，在此期间，伍尔维奇阿森纳队拥有一位优秀的主教练——哈利·布拉德肖。

03

从升级到降级

1906—1907赛季，是"枪手"在赫伯特·查普曼上任之前的一个小巅峰期，球队不仅在足总杯中晋级四强，还在英甲中排名第七，这是当时的队史最好成绩，预备队则获得伦敦联赛和东南联赛的冠军。

第一章 阿森纳队的诞生

哈利·布拉德肖堪称阿森纳队历史上第一位伟大的主帅。在球队经济窘迫的情况下，他着力挖掘当地的年轻天才，其中最有天赋的一位是门将吉米·阿什克罗夫特。吉米·阿什克罗夫特是阿森纳队第一位入选英格兰队的球员，1900年加盟"枪手"，1903—1904赛季零封对手20场，1904—1905赛季创造连续154次出场的纪录。在1908年离队时，他一共为阿森纳队出战303场。

苏格兰仍是阿森纳队球员的一大来源地，球队队长、左后卫吉米·杰克逊是其中的佼佼者。吉米·杰克逊很有战术头脑，比如球队在左路展开进攻时，他会

03 从升级到降级

要求右后卫沿着对角线方向轮转，为他掩护，并称之为"双掩护"。再比如，他会要求中前卫将更多的注意力集中于防守，并称之为"第三中卫"。要知道，中前卫回撤踢第三中卫的概念，是赫伯特·查普曼执教后才提出的！

说起来，苏格兰人才是"美丽足球"的开创者，他们崇尚传球与移动，通过短传配合来推动进攻。哈利·布拉德肖虽是英格兰人，但非常推崇这种打法，所以在他的带领下，伍尔维奇阿森纳队也走上了"美丽之路"：1903—1904赛季主场不败，进67球，仅失5球；主客场总计攻入91球，仅失22球！

最终，伍尔维奇阿森纳队获得英乙亚军，历史上第一次升入英甲。说哈利·布拉德肖是这支球队的缔造者，一点也不为过，因为该队的20名球员里，有18人是他亲手引进的。不过在球队升级之后，他成了教练界的香饽饽，富勒姆队送上一份大合同将其挖走，苏格兰人菲尔·凯尔索成为伍尔维奇阿森纳队的新任主帅。

第一章 阿森纳队的诞生

菲尔·凯尔索最伟大的成就，是连续两年率队杀入足总杯半决赛。1905—1906赛季，"枪手"历史上首次闯入足总杯四强，可惜球队在半决赛中0比2负于纽卡斯尔联队，无缘决赛；1906—1907赛季，"枪手"再次晋级四强，这一次球队碰上了星期三队（1929年，星期三队更名为谢菲尔德星期三队），结果1比3告负。

1906—1907赛季，是"枪手"在赫伯特·查普曼上任之前的一个小巅峰期，球队不仅在足总杯中晋级四强，还在英甲中排名第七，这是当时的队史最好成绩，预备队则获得伦敦联赛和东南联赛的冠军。

1908年，与哈利·布拉德肖的选择一样，菲尔·凯尔索也离开"枪手"前往富勒姆队执教。乔治·莫瑞尔接任后一干就是七年，但"枪手"就是在他的执教下于1912—1913赛季结束后降回英乙的。

04

北伦敦双雄结怨

这样一来,阿森纳队就力压热刺队,获得了另一个升级的名额!也正因此,这两支北伦敦球队结下"血海深仇",成为世界足坛一对著名的同城死敌。

第一章 阿森纳队的诞生

不过乔治·莫瑞尔在任期间，还是发生了三件影响"枪手"历史的大事。

第一件，富勒姆队主席亨利·诺里斯爵士出资拯救了陷入财务危机的"枪手"，成为伍尔维奇阿森纳队的主席。

第二件，在亨利·诺里斯爵士的主导下，伍尔维奇阿森纳队迁往地理位置更好、更容易吸引到球迷的北伦敦海布里。在那里，他斥资12.5万英镑修建了一座新球场，这座球场由著名设计师阿奇博尔德·里奇设计。1913年9月6日，海布里球场迎来揭幕战，"枪手"迎战英乙对手莱斯特福斯队（1919年，莱斯特福斯队更名为莱斯特城队）。

04 北伦敦双雄结怨

第三件，迁入海布里球场的第二年，也就是1914年，球队将名称中的"伍尔维奇"去掉，正式定名为沿用至今的阿森纳队。

1914—1915赛季，阿森纳队在乔治·莫瑞尔的带领下获得英乙第六（实际上排名第五，但官方算错了得失球之比，这个错误直到1975年才被改正）。此后，由于第一次世界大战，联赛被迫停摆。不过在战争期间，亨利·诺里斯爵士仍为海布里球场投入5万英镑，即便当时没有任何门票收入。

战争结束后，联赛重新拉开帷幕，英甲决定由20支球队扩充到22支，究竟哪两支球队能被选中，将由足球联赛的常务委员会投票决定。

本来最有希望的是从英甲降级的切尔西队与托特纳姆热刺队（简称"热刺队"），按说怎么也轮不到阿森纳队，但亨利·诺里斯爵士自有办法。

一方面，他拉拢切尔西队主席，表示只要阿森纳队能中选，一定力保切尔西队留在英甲。另一方面，他邀请委员会成员前往海布里球场，参观这座他极力维护的美丽球场，以海布里球场能带来更多的门票收入为由，亨利·诺里斯爵士成功说服了足球联赛常务委员会成员。最重要的一点是，亨利·诺里斯爵士与联赛主席约翰·麦肯纳的关系颇好，据说约翰·麦肯纳在委员会中力荐阿森纳队升级。

切尔西队首先获得委员会的支持，提前锁定一个升级名额。最后的竞争在热刺队与英乙第三至第八名的球队之间展开。委员会的投票结果为：阿森纳队18票，热刺队8票，巴恩斯利队（英乙第三）5票，狼队（英乙第四）4票，其余6票投给了伯明翰队（英乙第五）、赫尔城队（英乙第七）和诺丁汉森林队（英乙第八）。

这样一来，阿森纳队就力压热刺队，获得了另一个升级的名额！也正因此，这两支北伦敦球队结下"血海深仇"，成为世界足坛一对著名的同城死敌。

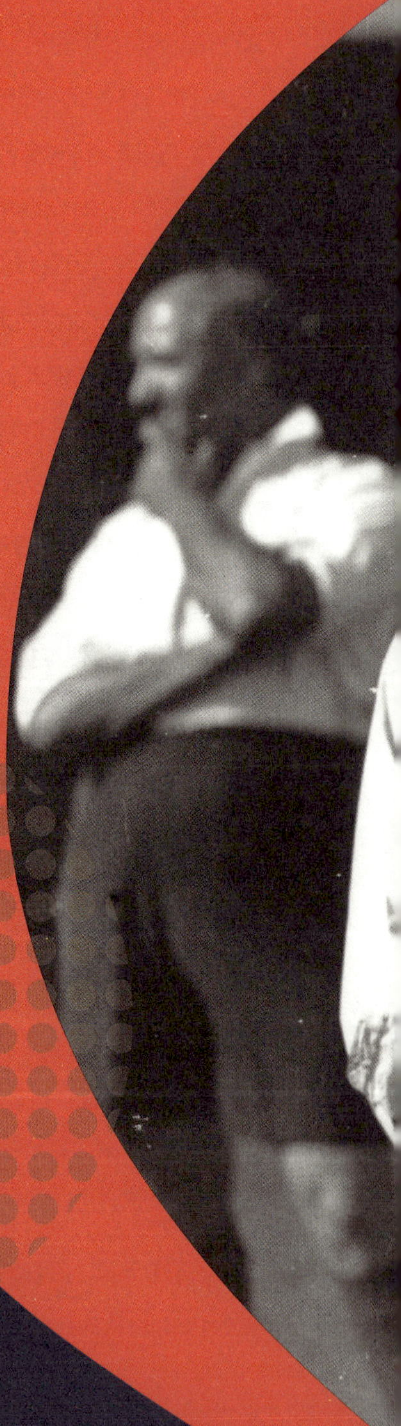

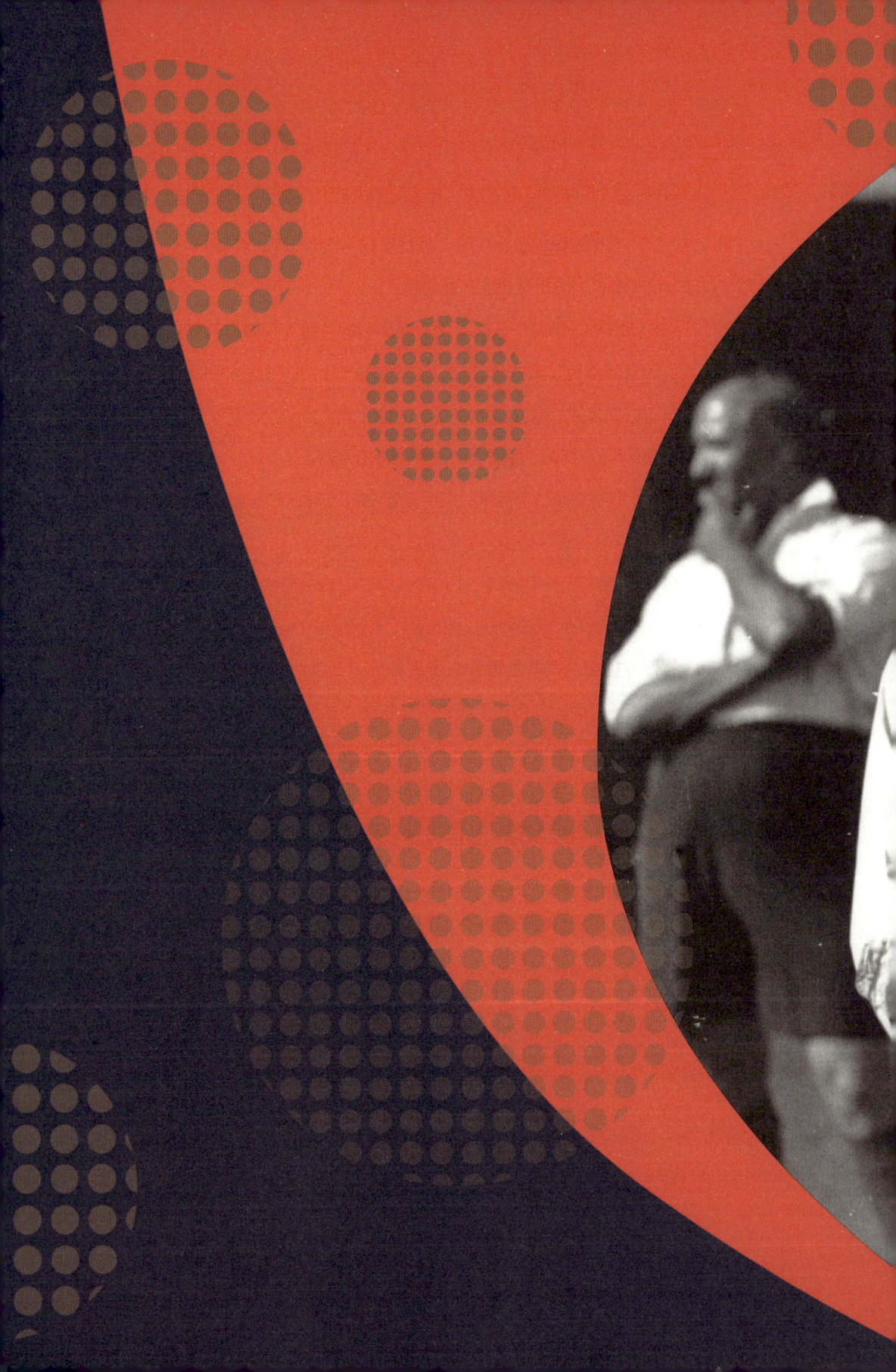

第二章
伟大的开创者：
赫伯特·查普曼

阿森纳队在报纸上刊登了一则广告公开招聘主帅，要求如下：必须富有经验，兼具能力与个性，具备获得教练岗位的资格，同时必须有不依靠过高转会费就能建立起一支优秀球队的独特能力。

01

查普曼其人

有人说，是阿森纳队主动联系的查普曼；也有人说，是查普曼看到广告后主动接触的阿森纳队。

01 查普曼其人

1919年5月，莱斯利·奈顿成为阿森纳队的新任主帅，然而在他执教的六年时间里，"枪手"的联赛排名最高只有第九，1924—1925赛季球队还差点儿降级。最终，亨利·诺里斯爵士将其解雇，并开始寻找新帅。

阿森纳队在报纸上刊登了一则广告公开招聘主帅，要求如下：必须富有经验，兼具能力与个性，具备获得教练岗位的资格，同时必须有不依靠过高转会费就能建立起一支优秀球队的独特能力。

这说的不正是赫伯特·查普曼吗？

第二章 伟大的开创者：赫伯特·查普曼

1878年1月19日，赫伯特·查普曼出生于约克郡的矿工家庭，父母都是虔诚的基督教教徒，所以查普曼从小就参加基督教会开办的主日学校举办的活动，这为他日后为人处世乃至执教风格的形成奠定了基础。

小时候，查普曼就很喜欢足球，当过学校足球队的队长和秘书，之后还在多家业余球队踢过球。19岁时，他被英乙球队格林斯比队签下。司职右内锋的他首秀就梅开二度，但未能延续惊艳的表现，1899年1月，他转会到南部联赛的斯温登队。这期间，查普曼的身份一直是业余球员，直到1901年加盟北安普顿队后，他才转为职业球员。

效力北安普顿队的那一个赛季，也许是查普曼球员时代的顶峰，他在28场比赛中打入14球，成为队内头号射手。不过此时，查普曼获得了矿业技师学院的毕业证书，为了利用好证书，他决定转回业余球员。随后，他辗转谢菲尔德联队、诺茨郡队和热刺队，并再次转为职业球员，但一直未能闯出一片天地。

1907年，查普曼的老东家北安普顿队在寻找新帅，球队的第一选择是热刺队球员沃尔特·布尔。但沃尔特·布尔决定留在热刺队，于是他向北安普顿队推荐了自己的队友兼好友查普曼。查普曼与妻子讨论了一整晚，决定把握住这次机会。他给北安普顿队写了一封信，表示自己愿意身兼主帅和球员两职，最终成功得到了这份差事。

身处南部联赛的北安普顿队，已连续两个赛季垫底，而查普曼初试身手，就将球队带到第八。从执教生涯伊始，他就要求掌握超越同时代其他球队主帅的权力。比如在他的强烈要求下，北安普顿队主席帕特·达内尔花了400英镑签下威尔士球员劳伊德·戴维斯，这竟是该队历史上第一次支付转会费！

后来执教哈德斯菲尔德队时，查普曼也曾强烈要求球队签下阿斯顿维拉队的克莱姆·斯蒂芬森，理由是："我们拥有很多充满天赋的年轻球员，但他们需要一位长官来领导，克莱姆·斯蒂芬森就是那种人，我们必须得到他！"

01 查普曼其人

此外，查普曼还会展现出他精明狡黠的一面。考文垂队球星阿尔伯特·刘易斯是众多球队想要的红人，为了能捷足先登，查普曼将他请到办公室，然后把门一锁，直接扔给阿尔伯特·刘易斯一句："你要是不签约，就别想从这儿走出去！"阿尔伯特·刘易斯签约了，在之后的两个赛季里，他为北安普顿队打入56球。

在执教哈德斯菲尔德队之后，查普曼也玩儿过类似的手段。他相中了奥尔德姆队的门将特德·泰勒，但怕对方不肯放人，所以先公开求购该队的另一名门将。如他所料，奥尔德姆队拒绝放人，于是查普曼假装无奈地表示："好吧，既然如此，我也不勉强，那么给个面子，让你们的另一个门将特德·泰勒转会过来如何？"此时谈判已进行了数个小时，奥尔德姆队最终决定给查普曼这个面子，于是特德·泰勒顺利转入查普曼的麾下。

在北安普顿队，查普曼待了五年，率队首次夺得南部联赛冠军。1912年5月，英乙的利兹城队聘请他担任主帅，查普曼应邀前往。与他刚到北安普顿队时一样，此时的利兹城队处于英乙末流，但他通过精明的引援和出色的调教，执教首个赛季就将球队带到联赛第六，第二个赛季球队又升至第四，距离升入英甲只差2分。

第一次世界大战打断了利兹城队前进的脚步。好不容易等到战争结束，球队却陷入更大的危机：英格兰足球总会（简称"英足总"）和联赛方面要求检查球队的账目，但遭到拒绝，于是，利兹城队被驱逐出足球联赛系统，球队高层也遭到禁赛，包括查普曼本人。失业后，查普曼在一家炼油厂工作，1920年圣诞节，工厂关门，他再次失业。

此时，哈德斯菲尔德队向他抛出橄榄枝，邀请他担任助理教练。有意思的是，他的周薪是10英镑，竟然比主教练还多1英镑。不过这并未引起担任主帅的安布罗斯·朗格利的不满，因为20年前他曾与查普曼的兄弟在星期三队一起踢球，两人早就相识。1920—1921赛季，哈德斯菲尔德队的战绩一路走低，安布

第二章 伟大的开创者：赫伯特·查普曼

罗斯·朗格利主动提出辞职，查普曼立刻被任命为主教练。

等到阿森纳队换帅时，查普曼已经率领哈德斯菲尔德队夺得英甲两连冠，是当时最优秀的主帅之一。有人说，是阿森纳队主动联系的查普曼；也有人说，是查普曼看到广告后主动接触的阿森纳队。不管真相如何，查普曼需要新的挑战，而处于困境的阿森纳队是一个合适的选择，更何况阿森纳队愿意提供更高的薪水。1925年6月11日，查普曼来到阿森纳队。

02

"WM" 阵形

1925年越位规则的改变给足球比赛带来巨大影响，那场0比7的惨败让查普曼意识到新规则给进攻带来的好处、给防守带来的麻烦。

第二章 伟大的开创者：赫伯特·查普曼

　　执教后不久，查普曼就做了第一笔买卖：引进查理·巴肯。查理·巴肯是那个时代最好的内锋，他就出生在伦敦，14岁时还在现场看过阿森纳队的足总杯比赛，为了买门票把课本都给卖了，后来他还在乔治·莫瑞尔手下出场过一次。不过查理·巴肯真正成名是在桑德兰队，他为球队在联赛中打入209球，并在随后成为英格兰队的队长。

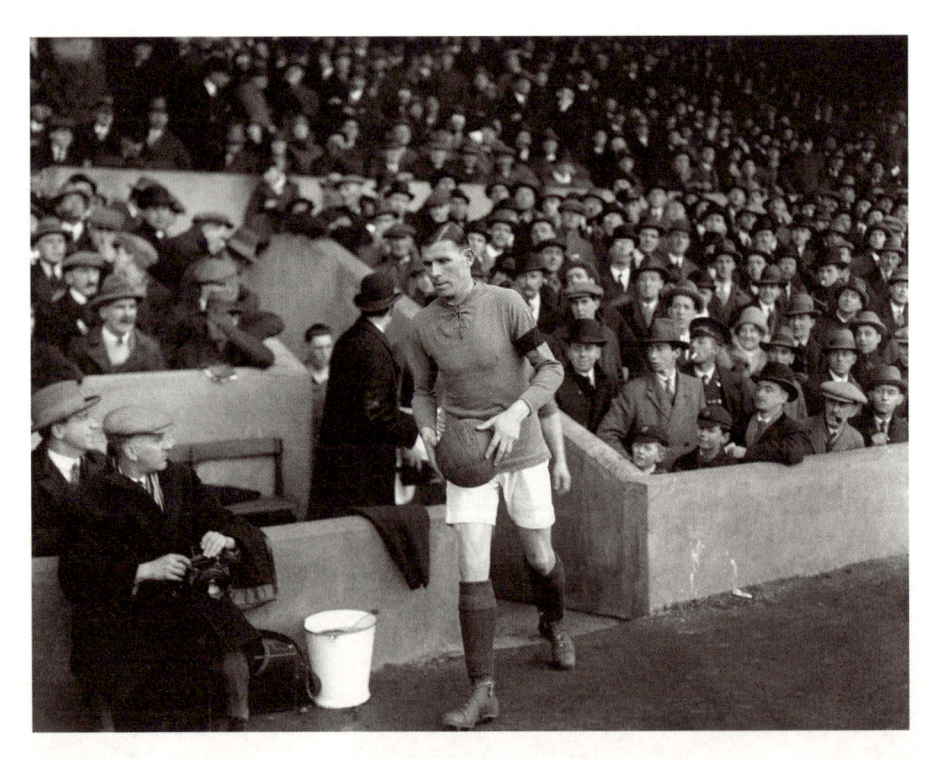

02 "WM"阵形

查理·巴肯的脚下技术非常出色，传球精准，头球功夫更是无敌。但是当时他已经34岁，查普曼签他花了2000英镑的转会费，而且他每进1球，阿森纳队就要给桑德兰队额外支付100英镑，这被认为是一种赌博。不过在为阿森纳队效力的三年里，查理·巴肯出战120场，攻入56球，证明了查普曼的眼光。

查普曼的另一项成就，是将原本司职内锋的吉米·布莱恩改造为中锋。结果查普曼执教阿森纳队的首个赛季，吉米·布莱恩就打入37球，成为队内最佳射手。之后的三个赛季，这一荣誉都是属于他的。此外，查普曼还从布莱克本流浪者队签下了速度快、能传擅射的右边锋乔·胡尔默，他为阿森纳队效力长达12年。

1925—1926赛季，阿森纳队虽在英甲第九轮以0比7惨败给纽卡斯尔联队，之后又以0比4不敌谢菲尔德联队，但在查普曼的带领下，还是保持了稳定的前进步伐，最终只以5分之差屈居哈德斯菲尔德队之后，获得英甲亚军，这是阿森纳队成立以来的最佳排名。

亚军大大刺激了球队的胃口，其拥趸希望"枪手"能尽快获得球队历史上第一个联赛冠军，但谁也没有想到阿森纳队的滑落来得如此之快：1926—1927赛季仅排在第11名。之后三个赛季，阿森纳队也一直在中游徘徊，让人看不到希望。

不过在此期间，阿森纳队并非全无收获，查普曼与他的球队正在钻研一种新的阵形。

1925年越位规则的改变给足球比赛带来巨大影响，那场0比7的惨败让查普曼意识到新规则给进攻带来的好处、给防守带来的麻烦。当时查理·巴肯已经建议，应该根据新规则来确定新阵形，而在接下来的几个赛季里，查理·巴肯就与查普曼，查普曼的助手乔·肖、汤姆·惠特克，以及球队队长汤姆·帕克一起研究、讨论，最终，著名的"WM"阵形出炉了。

简而言之，"WM"就是由"235"阵形变为"3223"阵形。变化之处在于：第一，中前卫回撤到两名中卫之间，担任第三中卫，这个第三中卫当时也被

第二章 伟大的开创者：赫伯特·查普曼

戏称为"警察"；第二，两名边前卫内收，两名内锋回撤，组成四中场；第三，五前锋变为三前锋，即两名边锋加一名中锋。

阿森纳队的新阵形逐渐完善，但查理·巴肯却于1928年退役。查普曼寻找他的接班人，最终相中了右内锋大卫·杰克。

大卫·杰克身材高瘦，擅长过人突破，加盟阿森纳队时已是英格兰队球员，被公认为当时最好的内锋之一。为了签下他，查普曼花费了1.15万英镑，博尔顿队点头后，查普曼凌晨两点就赶到大卫·杰克的家，半梦半醒的大卫·杰克给父亲打电话咨询后，这才答应了查普曼。1.15万英镑在当时算得上天价，人们戏称阿森纳队为"英格兰银行"。

02 "WM"阵形

　　大卫·杰克的加盟不是终点，查普曼认为，想要找到完美的"WM"配置，阿森纳队还缺少一名内锋、一名中卫和一名边锋。查普曼首先想到他在哈德斯菲尔德队执教时签下的阿历克斯·詹姆斯，并斥资9000英镑将其引进，而阿历克斯·詹姆斯在为阿森纳队效力的八个赛季里，出战231场，打入26球。

　　克利夫·巴斯汀与阿历克斯·詹姆斯几乎同时加盟阿森纳队。他的加盟并不在查普曼的计划中：当时查普曼去比赛现场考察一名沃特福德队球员，却被沃特福德队的对手埃克塞特城队阵中的一名16岁小将深深吸引，他就是克利夫·巴斯汀。因为年轻，他得到了"男孩巴斯汀"的绰号，但小小年纪就展现出冷血杀手的特质，面对得分机会时非常冷静，射门精准有力。

03

冠军接踵而至

事实上，阿森纳队不仅历史上首次夺得英甲冠军，而且整个赛季只输了4场比赛，66分也打破了当时的顶级足球联赛积分纪录。

03 冠军接踵而至

1929—1930赛季，强援加盟的阿森纳队只获得联赛第14名，但拿到了球队历史上首个足总杯冠军！

那场足总杯决赛，"枪手"的对手正是查普曼的老东家哈德斯菲尔德队。当时电视转播刚刚兴起，那是历史上第五场电视转播的足球比赛，温布利球场里坐了9万多名观众，刚刚病愈的英国国王乔治五世亲自介绍双方球员，评论间里则坐着阿森纳队未来的主帅乔治·阿里森。

比赛的第一球是阿历克斯·詹姆斯打入的，赛前他就跟巴斯汀安排好了任意球战术，一旦在哈德斯菲尔德队的半场获得罚球机会，他会将球快发给巴斯汀，然后迅速前插，巴斯汀需要趁对手反应不及立刻找到阿历克斯·詹姆斯，并送出精准传球，阿历克斯·詹姆斯承诺会将球打入球网。当时阿森纳队球员都以为这是在开玩笑，岂料第一球正是按照这一设计打入的！

第88分钟，阿历克斯·詹姆斯大脚解围，球传到了中圈附近的杰克·兰伯特脚下，杰克·兰伯特过掉对手两名后卫，上演半场奔袭，最终为阿森纳队锁定胜局！

当查普曼刚来阿森纳队的时候，他说要用五年的时间打造一支胜利之师，五年之后，他兑现了承诺。

第二章 伟大的开创者：赫伯特·查普曼

这座冠军奖杯极大地鼓舞了阿森纳队的斗志与信心。1930—1931赛季，"枪手"一路高歌猛进，5比2战胜阿斯顿维拉队、5比1战胜切尔西队、4比1战胜曼城队、7比1战胜布莱克浦队、9比1战胜格林斯比镇队、7比2战胜莱斯特城队、6比3战胜德比郡队、5比0战胜博尔顿队，都是"枪手"奉献的经典大胜。杰克·兰伯特是球队进球狂潮中的最强利器，一人贡献39球。

有如此强悍的攻击力，想不夺冠都难！事实上，阿森纳队不仅历史上首次夺得英甲冠军，而且整个赛季只输了4场比赛，66分也打破了当时的顶级足球联赛积分纪录。要知道，阿森纳队可是第一支来自伯明翰以南的冠军球队！

1931—1932赛季，阿森纳队表现依旧出色，但欠缺一些运气，以2分之差屈居埃弗顿队之后，获得英甲亚军。而足总杯决赛，"枪手"又1比2不敌纽卡斯尔联队，错失冠军，最终成就"双亚王"。不过接下来，阿森纳队将迎来历史上最辉煌的一段时期：联赛三连冠！

04

猝然去世

查普曼为人所津津乐道的,除了"WM"阵形和冠军,还有很多对阿森纳队以及足球这项运动的伟大创新。

第二章 伟大的开创者：赫伯特·查普曼

在这三连冠里，只有一个冠军是查普曼率队拿到的。1934年1月2日，他前往约克郡去看阿森纳队的下一个对手谢菲尔德星期三队的比赛，在返回伦敦的途中感染风寒，但仍然坚持去看了阿森纳三队的一场比赛。不久之后，查普曼就因感染急性肺炎卧病在床，并于1月6日溘然长逝。

查普曼为人所津津乐道的，除了"WM"阵形和冠军，还有很多对阿森纳队以及足球这项运动的伟大创新。

04 猝然去世

  禁区弧的设置、主裁判和助理裁判的出现，均来自他的提议。他还宣传使用泛光灯，创造了文字和数字结合的记分牌，并且坚持让阿森纳队身穿白色短袖——这样能让球员更好地区分彼此。

  海布里球场邻近的地铁站以"阿森纳"命名，也是查普曼据理力争的结果。他第一次有这种想法是在1913年，当时还没有执教阿森纳队呢。后来，他花了数月时间游说各方，最终取得成功，尽管这意味着成千上万张车票以及所有的地图和相关标识牌将被替换，甚至连机械设备都要被重新配置。

  1932年10月31日，"阿森纳"的名字第一次出现在了伦敦地铁站的站台上，正是查普曼的远见和努力，让阿森纳队成为伦敦这座城市里唯一享有如此待遇的球队。

05

查普曼的继承者：三连冠伟业

1934—1935赛季，阿森纳队以4分的优势赢下了和桑德兰队的英甲冠军争夺战，成为英格兰顶级足球联赛历史上第二支完成三连冠的球队。

05 查普曼的继承者：三连冠伟业

查普曼为阿森纳队带来了历史性巨变，所以阿森纳队想找到查普曼的继承者更不容易。接替查普曼的临时教练是乔·肖，他率队打完1933—1934赛季，确保两连冠到手。1934年5月，乔治·阿里森成为阿森纳队的新帅，三连冠的最后一冠就是他率队取得的。

不过阿里森并不是查普曼那样的全能主帅，他主要负责转会事宜，以及处理

第二章 伟大的开创者：赫伯特·查普曼

球队与媒体的关系，训练、技战术制定交由乔·肖与汤姆·惠特克负责。效力阿森纳队长达12个赛季的贝纳尔德·乔伊直言："阿里森是个友善的好人，但他在掌控球员和对比赛的专业解读方面是有不足的。"

但是分权也有分权的好处，阿里森、乔·肖与惠特克通力配合，为阿森纳队带来1934—1935、1937—1938两个赛季的英甲冠军，以及1935—1936赛季的足总杯冠军。

尤其是1934—1935赛季，阿森纳队以4分的优势赢下了和桑德兰队的英甲冠军争夺战，成为英格兰顶级足球联赛历史上第二支完成三连冠的球队。截至2023—2024赛季，共有5支球队取得此成就，最近一支是在2024年完成英超四连冠的曼城队。

05 查普曼的继承者：三连冠伟业

值得一提的是，1935年3月9日，共有7万多名观众涌入海布里球场观看阿森纳队与桑德兰队之间的"天王山之战"，创造了观赛人数的历史纪录。而0比0的比分，则让阿森纳队保住了领先优势，奠定了夺冠的基础。

不过，没有进球的平局在当时的海布里球场实属罕见。那个赛季，"枪手"为球迷奉献了许多场进球盛宴：8比0大胜莱斯特城队与米德尔斯堡队，8比1战胜利物浦队，7比0击败狼队，当然还有6比0横扫死敌热刺队。

查普曼亲手引进的巴斯汀已经成长为阿森纳队的核心，前两个冠军赛季，他总共打入48球，是队内最佳射手。而1933—1934赛季结束后，大卫·杰克退役转而执教，阿历克斯·詹姆斯也受到伤病困扰，阿森纳队的詹姆斯-杰克"双J"内锋时代宣告结束。再加上杰克·兰伯特也已于1933年离开，球队需要新的得分手，于是特德·德拉克从南安普顿队加盟。

第二章 伟大的开创者：赫伯特·查普曼

德拉克被誉为"经典9号"，他强壮、有力、勇敢，是天生的中锋料子。效力南安普顿队时，他在74场比赛中打入48球。1934年3月，德拉克加盟阿森纳队，转会费为6500英镑。

1934—1935赛季，德拉克所向披靡，在41场英甲比赛中打入惊人的42球，包括3次帽子戏法和4次"大四喜"！要知道，那个赛季阿森纳全队在联赛中一共进了115球，他一人就占了近40%！计算所有赛事，德拉克一共贡献44球，打破杰克·兰伯特保持的球队历史单赛季进球纪录。

最让人震惊的一场比赛，则是1935年12月14日阿森纳队在客场挑战阿斯顿维拉队，膝盖受伤、缠着厚厚绷带的德拉克仅用一个小时的时间就攻进6球！而在比赛结束前最后一分钟，他又打入1球，最终单场狂轰7球。

05　查普曼的继承者：三连冠伟业

　　一场比赛打入7球，德拉克追平了普雷斯顿队球员吉米·罗斯在1888年创造的联赛单场进球纪录。不过仅仅12天之后，特兰米尔流浪者队球员布尼·布尔就在一场比赛中打入9球，但他踢的是第三级别足球联赛，直到今天，德拉克依然是英格兰顶级足球联赛单场进球纪录的保持者，无人能及。

　　在此期间，还有一件事情与阿森纳队有关。1934年11月14日，没有参加世界杯的英格兰队与1934年世界杯冠军意大利队进行了一场友谊赛，这也被认为是"真正的世界杯决赛"。英格兰队的11名首发球员里，竟然有7人来自阿森纳队，创造历史纪录！比赛在海布里球场举行，阿森纳队球员埃迪·哈普古德担任队长，巴斯汀的发挥也非常出色，德拉克则上演了英格兰队生涯首秀，还打入了他在队中的第一球。

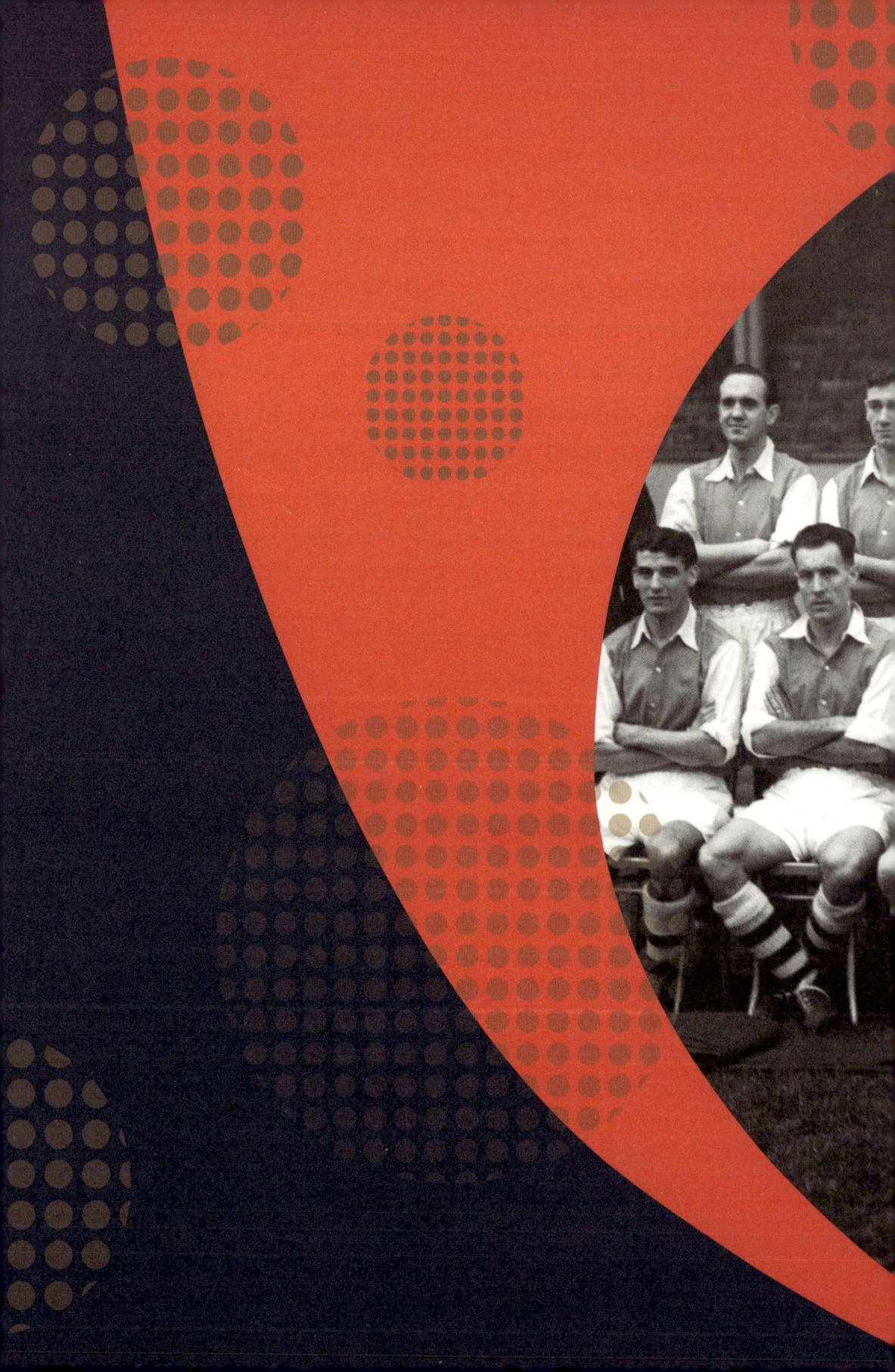

第三章
光辉岁月

两年三冠,阿森纳队重回巅峰,但却并未在巅峰上待太久。

01

再夺冠军

比赛结束后，在惠特克和乔·默瑟的带领下，阿森纳队球员踏上了著名的温布利长梯，从国王乔治六世的手中接过冠军奖杯。

01 再夺冠军

　　1939年第二次世界大战全面爆发，英格兰足球联赛停摆，直到1946—1947赛季才恢复。战后的第一个赛季，阿里森率队获得英甲第13名，年逾六旬的他在1947年5月辞去主帅一职。几天后，惠特克成为阿森纳队的新任主帅，二战结束后担任过切尔西队教练的乔·肖也重回"枪手"，担任老搭档惠特克的助理教练。

　　惠特克在球员时代一开始踢中锋，后来改踢边前卫。他于1919年加盟阿森纳队，直到1925年共出战70次，打入2球。退役后，惠特克进入阿森纳队教练组，担任理疗专家。

第三章 光辉岁月

1927年，年仅29岁的惠特克被查普曼任命为训练员，成为查普曼的得力助手。查普曼去世后，惠特克继续为阿里森效命，还成为英格兰队的训练员。二战期间，他入伍担任英国皇家空军的飞行员，在诺曼底登陆中执行过任务，因此获大英帝国员佐勋章。

经历战争的创伤，阿森纳队已物是人非：1947年巴斯汀因伤退役，德拉克也在二战结束时负伤挂靴。为了增强进攻实力，惠特克从南安普顿队签下右边锋唐·罗珀，从诺茨郡队引进左边锋伊恩·麦克菲尔森。满头红发、性情急躁的苏格兰球员阿奇·麦考雷和未来的曼城队名帅乔·默瑟加盟，组成主力边前卫，后者还当上了阿森纳队的队长。

此外，1938年完成首秀的中锋雷格·刘易斯也成长起来，二战后重回球队，成为主力得分手。1939年加盟球队的内锋吉米·洛吉被誉为"阿历克斯·詹姆斯二世"，创造力和射门能力极强。1930年就来到阿森纳队，之前一直担任替补的后卫莱斯利·康普顿老当益壮，用出色的头球能力掌控空战，一直为"枪手"踢到40岁才退役。

1947—1948赛季，阿森纳队在英甲取得开局六连胜，第一次失利直到11月底才到来。该赛季的冠军争夺战在"枪手"与曼彻斯特联队（简称"曼联队"）之间展开。首回合阿森纳队在主场2比1取胜，次回合于1948年1月打响，"枪手"客场作战，结果是1比1的平局。

最终，"枪手"以42战23胜13平6负的成绩，夺得了球队历史上第六个英甲冠军。

01 再夺冠军

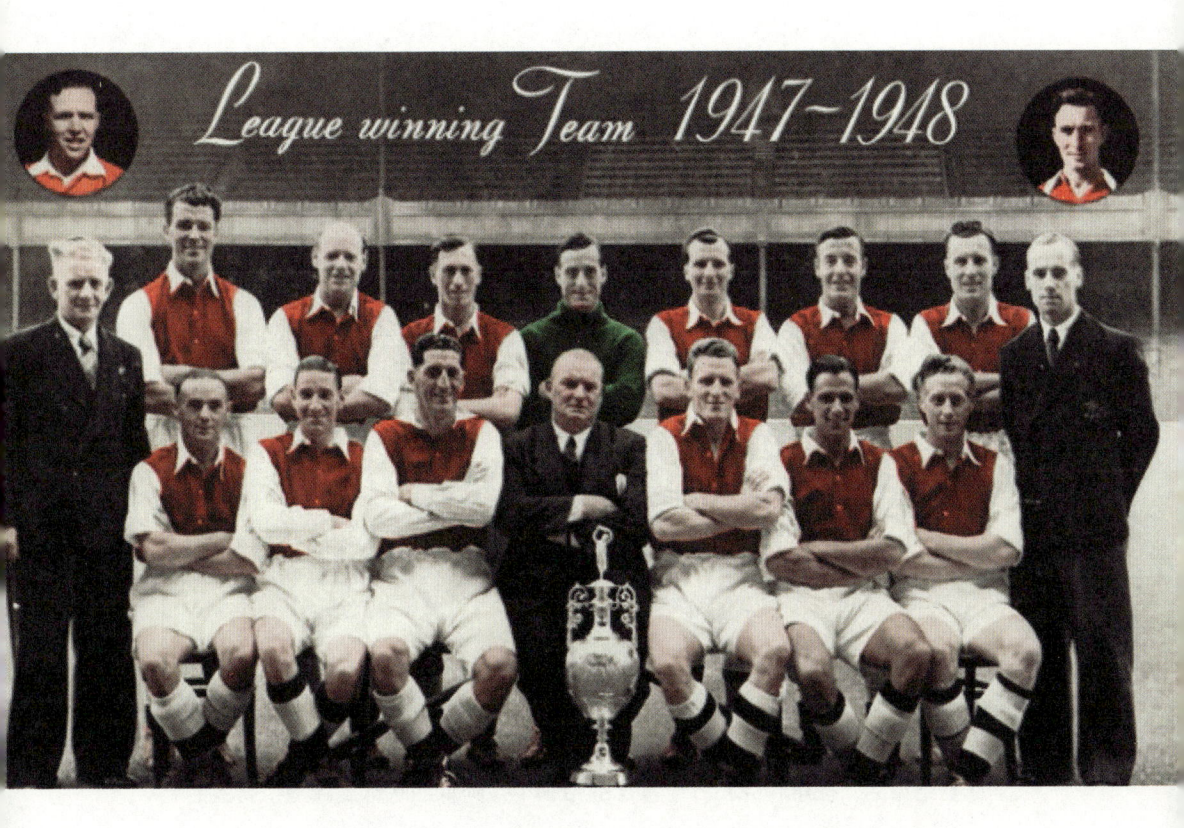

之后四个赛季，阿森纳队在联赛中并没有太大作为，最高排名仅为第三，但在1949—1950赛季，"枪手"捧起了球队历史上第三座足总杯冠军奖杯。

那场决赛在1950年4月29日打响，比赛场地当然还是温布利球场，阿森纳队的对手是利物浦队。"枪手"球员身穿复古金色球衣，第18分钟，雷格·刘易斯先拔头筹；第63分钟，队长乔·默瑟送上助攻，雷格·刘易斯梅开二度，锁定胜局！

第三章 光辉岁月

比赛结束后，在惠特克和乔·默瑟的带领下，阿森纳队球员踏上了著名的温布利长梯，从国王乔治六世的手中接过冠军奖杯。值得一提的是，乔治六世竟然莫名其妙地将银牌颁发给乔·默瑟，好在乔·默瑟及时纠正了这一错误。

两年之后，阿森纳队再次杀入足总杯决赛，然而这一次"枪手"运气不佳，竟然有4名球员因伤下场！当时还没有替补的规则，所以最后场上只剩下7名阿森纳队球员。尽管如此，他们依然拼尽全力，最终只是0比1不敌纽卡斯尔联队，屈居亚军。

02

0.099 的优势

这是阿森纳队历史上第七个顶级联赛冠军，惠特克也成为球队历史上第三位率队两夺顶级联赛冠军的主帅。

第三章 光辉岁月

1952—1953赛季，阿森纳队东山再起，在1948年被签下当作雷格·刘易斯替补的道格·里斯曼，如今已成为队内头号前锋，在当赛季的英甲中打入22球，几乎每一球都至关重要。

这次阿森纳队的争冠对手是普雷斯顿队，倒数第二轮两队直接交锋，"枪手"客场作战、握有2分的优势，最终以0比2告负。当时的联赛取胜得2分，于是在仅剩一轮的情况下，两队同积52分。

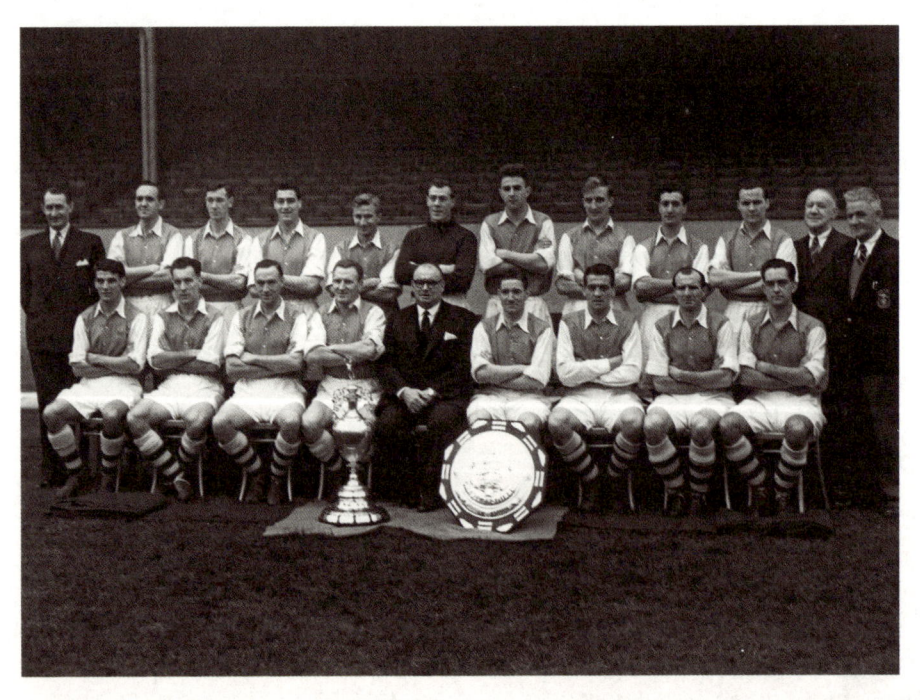

02 0.099 的优势

最后一轮，普雷斯顿队战胜了德比郡队，阿森纳队则要在主场面对伯恩利队。乔·默瑟在将球回传给门将时自摆乌龙，让球队陷入逆境。但是关键时刻，"枪手"连进三球，完成逆转！

同为21胜12平9负，阿森纳队和普雷斯顿队以相同的战绩结束了整个赛季。现在两队同分的情况下比较的是净胜球，也就是进球数与失球数之差，但当时比较的是进球数与失球数之比，结果阿森纳队是1.516，普雷斯顿队是1.417，只差0.099！

这是阿森纳队历史上第七个顶级联赛冠军，惠特克也成为球队历史上第三位率队两夺顶级联赛冠军的主帅。他从二战后开始重建球队，创业之艰难、个人之功勋皆胜于阿里森，所以惠特克才是查普曼的真正继承者。

1956年10月24日，惠特克因突发心脏病在伦敦的一家医院里去世，享年58岁。虽然并非"枪手"青训出身，但惠特克与查普曼一样，将自己的余生都献给了阿森纳队。惠特克去世后，阿森纳队的下一个英甲冠军，要等待10多年才能拿到。

至于队长乔·默瑟，在代表阿森纳队出场近275次之后，他在1953年4月10日对阵利物浦队的比赛中与队友乔·韦德相撞导致骨折，从此告别绿茵场。

03

低谷沉浮

杰克·克雷斯顿和乔治·斯文丁先后上任，但都未能重现球队昔日的辉煌，最佳战绩只是英甲季军。

03 低谷沉浮

惠特克逝世后，球队以他为榜样，开始寻找阿森纳队的旧将担任主教练。杰克·克雷斯顿和乔治·斯文丁先后上任，但都未能重现球队昔日的辉煌，最佳战绩只是英甲季军。

不过这段时间里，也有让人记忆深刻的比赛。

1958年2月1日，阿森纳队坐镇海布里球场迎战曼联队，近6.4万名观众在现场观战。当时的曼联队在马特·巴斯比爵士的带领下以充满激情的进攻著称，刚刚实现了英甲两连冠，正在向三连冠发起冲击。

比赛开始之后，曼联队也确实表现出了强劲的实力，邓肯·爱德华兹大力抽射破门得分，博比·查尔顿很快就扩大比分，而汤米·泰勒更是让上半场的比分变成3比0！

然而，阿森纳队在下半场爆发，仅仅用了3分钟就扳平比分：日后转会至曼联队的大卫·赫德用进球吹响反击的号角，吉米·布鲁姆菲尔德更是头顶脚踢梅开二度！

随后，曼联队的丹尼斯·维奥莱特和汤米·泰勒各入一球，阿森纳队则由德雷克·塔普斯科特破门得分。最终，阿森纳队主场4比5遗憾告负。

第三章 光辉岁月

然而，这场比赛的胜负已经失去意义，因为这是曼联队的"巴斯比宝贝"在英格兰踢的最后一场比赛，五天之后，曼联队就遭遇了慕尼黑空难，包括邓肯·爱德华兹和汤米·泰勒在内的8名球员罹难，而阿森纳队也对此进行了哀悼。

眼见聘请旧将执教之路不通，阿森纳队更改了策略。1962年，"枪手"聘请了比利·赖特担任球队的主帅。比利·赖特在球员时代曾是狼队和英格兰队的杰出队长，儿时也曾是阿森纳队的球迷，但从未效力过"枪手"。

可惜的是，比利·赖特虽然名气很大，但缺乏管理球队的经验，他签下了鲍勃·威尔逊、弗兰克·麦克林托克以及乔·贝克，但阿森纳队的实力依然平庸，成绩依旧不佳。

04

欧战首冠

这样一来，阿森纳队就以4比3的总比分完成神奇逆转，夺得球队历史上第一座欧洲赛场的冠军奖杯！

第三章 光辉岁月

1966年夏天,从六年前开始担任阿森纳队理疗师的伯尔蒂·米从比利·赖特手中接过了教鞭。许多人都对此表示担心和疑虑:伯尔蒂·米确实是一位出色的理疗师,也非常了解这支球队,但他真的能成为一名优秀的主教练吗?

上任之初,伯尔蒂·米就从青年队里提拔了一批年轻天才进入一线队中,包括帕特·莱斯、雷·肯尼迪、查理·乔治等人。

04 欧战首冠

布置战术和临场指挥其实并非伯尔蒂·米所长，但他很有自知之明，对自己的能力非常清楚，而且知人善任，把带队任务委托给戴夫·塞克斯顿以及之后的唐·豪，自己则专注于管理球队、引进球员。伯尔蒂·米对细节的重视赢得了所有人的尊重，也提高了球队的整体水平。

1967—1968赛季和1968—1969赛季，阿森纳队连续两个赛季杀入联赛杯决赛，可惜先后输给了利兹联队和斯温登队，与奖杯擦肩而过。不过很快，"枪手"就将站上欧洲足坛的巅峰。

国际城市博览会杯，是成立于1955年的一项欧洲职业球队间的赛事，可以说是欧洲联盟杯（欧洲足联欧洲联赛的前身，统一简称"欧联"）的前身。1969—1970赛季，阿森纳队首次参赛，就接连淘汰包括葡萄牙体育队在内的多支球队，与荷兰豪门阿贾克斯队会师半决赛。

这支阿贾克斯队拥有约翰·克鲁伊夫、路德·高鲁、皮埃特·凯泽尔等世界级球星。不过首回合比赛，坐镇海布里球场的阿森纳队就火力全开，取得3比0的大胜。

随后，"枪手"虽然在次回合比赛中客场0比1小负，但依然以3比1的总比分击败对手，将"球圣"克鲁伊夫淘汰出局。

1970年4月举行的决赛，阿森纳队面对的是比利时豪门安德莱赫特队，然而这一次，首回合遭到重击的换成了"枪手"——竟在客场丢了3球！所幸，替补登场的雷·肯尼迪在第82分钟头球破门，算是为球队保留了一丝翻盘的希望。

六天之后，阿森纳队回到海布里球场，埃迪·凯利在比赛第25分钟就扳回一球，让球队士气大振，越战越勇。第75分钟，约翰·拉德福德头球建功，将总比分扳平！

由于雷·肯尼迪宝贵的客场进球，阿森纳队甚至成为领先的一方。安德莱赫特队变得急躁起来，"枪手"反倒越踢越稳，最终在第76分钟再下一城，彻底锁定胜局！

第三章 光辉岁月

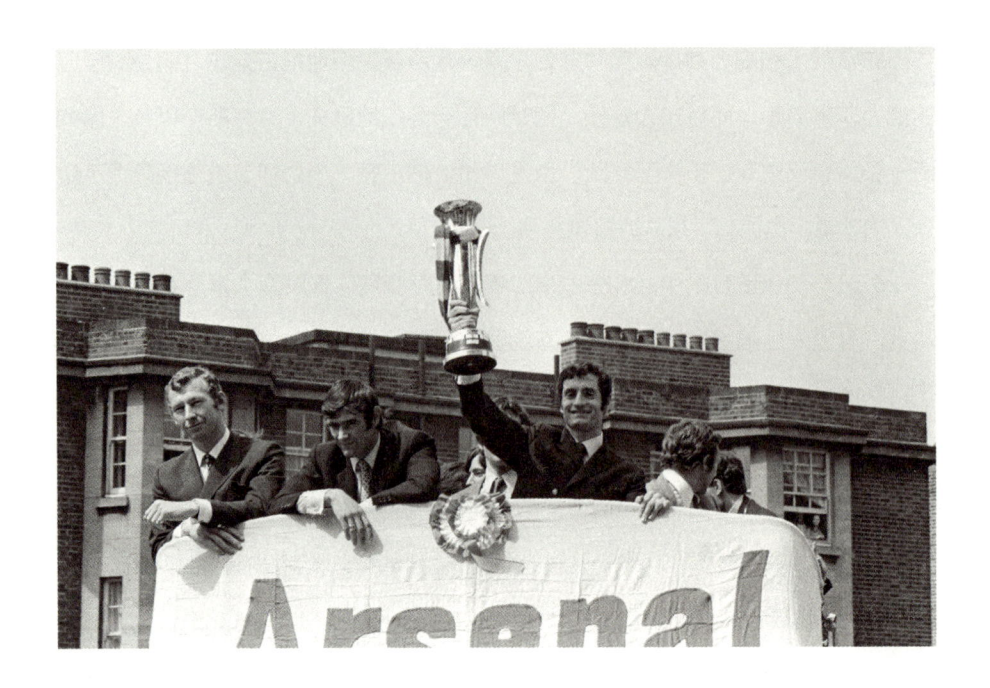

　　这样一来，阿森纳队就以4比3的总比分完成神奇逆转，夺得球队历史上第一座欧洲赛场的冠军奖杯！当终场哨声响起，海布里球场的球迷如潮水般涌进赛场，与他们的英雄尽情狂欢。

　　最激动的可能就是队长麦克林托克了，他在加盟阿森纳队之前，两次输掉足总杯决赛，加盟阿森纳队之后，又两次输掉联赛杯决赛，在经历四次杯赛决赛的失利之后，他终于打破了魔咒！

05

首次"双冠王"

在此之前,热刺队是20世纪英格兰足坛唯一的"双冠王"球队。现在,阿森纳队也成为英甲和足总杯的"双冠王",伯尔蒂·米成就了一番伟业,取得了查普曼也没取得过的成就。

第三章 光辉岁月

国际城市博览会杯冠军只是开始，更辉煌的荣誉还在后面。

1970—1971赛季，阿森纳队和利兹联队在英甲中展开极其激烈的冠军争夺。直到最后一轮之前，"枪手"仅仅领先利兹联队1分，冠军归属依然难以预料。

最后一轮，阿森纳队要在白鹿巷球场挑战北伦敦死敌热刺队，如果赢球或者打出一场0比0的平局，就能夺冠；如果输球，则很可能被利兹联队反超；如果是有进球的平局，两支球队同分，而阿森纳队在进球数和失球数之比上落后，也将丢掉冠军。

有5万多名观众涌入白鹿巷球场，观看这场决定冠军的德比大战，还有10万多名球迷被挡在球场之外。阿森纳队占据场面上的优势，查理·乔治和乔治·格拉汉姆都有进球的机会，可惜没有把握住。

比赛结束前3分钟，热刺队门将帕特·詹宁斯扑出了约翰·拉德福德的射门，但球落到了乔治·阿姆斯特朗的脚下，他将球传到禁区，雷·肯尼迪高高跃起、头球冲顶，将球送入网窝！

05 首次"双冠王"

阿森纳队终于取得了领先，不过利兹联队已经拿下了最后一轮的胜利，热刺队只要打入一球，将比分扳平，冠军还是会旁落。"那是我一生中度过的最漫长的三分钟。"雷·肯尼迪后来回忆道，"当对手反击的时候，我还想过也许我的头球没有进会更好。"

热刺队拼死一搏，想要扳平比分，但阿森纳队球员众志成城，还是坚守到了最后。1比0！"枪手"夺得球队历史上第八个顶级联赛冠军，继1952—1953赛季之后，时隔18年再次问鼎英甲！

还没等球员庆祝太久，仅仅五天之后，阿森纳队又与利物浦队在温布利球场进行足总杯决赛。

其实半决赛对阵斯托克城队，"枪手"就赢得非常惊险。双方2比2打平，按照规则，半决赛没有加时，两队需要重赛。

四天之后，乔治·格拉汉姆和雷·肯尼迪的进球，让阿森纳队最终淘汰斯托

第三章 光辉岁月

克城队，挺进了足总杯决赛。

在决赛的常规时间里，阿森纳队获得了不少机会，可惜乔治·格拉汉姆、查理·乔治和雷·肯尼迪都错失良机，两队0比0战平，不得不进入加时赛。

结果加时赛刚开始2分钟，史蒂夫·海威就头球破门，为利物浦队打破场上僵局！不过阿森纳队并未慌张，因为这支球队已经经历了太多的逆境，麦克林托克更是不希望自己第五次倒在决赛场上，所以大声激励队友不要放弃。

关键时刻，乔治·格拉汉姆挺身而出，在第101分钟为阿森纳队扳平比分。10分钟之后，查理·乔治禁区外远射得手，打入了绝杀球！

这是阿森纳队历史上第四次捧起足总杯的冠军奖杯！

在此之前，热刺队是20世纪英格兰足坛唯一的"双冠王"球队。现在，阿森纳队也成为英甲和足总杯的"双冠王"，伯尔蒂·米成就了一番伟业，取得了查

05 首次"双冠王"

普曼也没取得过的成就。

两年三冠，阿森纳队重回巅峰，但却并未在巅峰上待太久。1971—1972赛季，"枪手"再次进入足总杯决赛，不过没能卫冕成功。1972—1973赛季，"枪手"在与利物浦队的竞争中败下阵来，以3分之差屈居英甲亚军。

从那之后，伯尔蒂·米再也没有为球队带来什么成绩，球队的联赛排名也不断下滑，舆论开始批评他的球队过早地走向了衰落。1976年，在率队仅取得英甲第17名之后，伯尔蒂·米宣布辞职，而他执教阿森纳队获得的241场胜利排名球队历史第一，这一纪录直到2006年才被阿尔赛纳·温格打破。

2001年10月21日，将英甲冠军奖杯带回海布里球场的传奇教练伯尔蒂·米逝世，享年82岁。

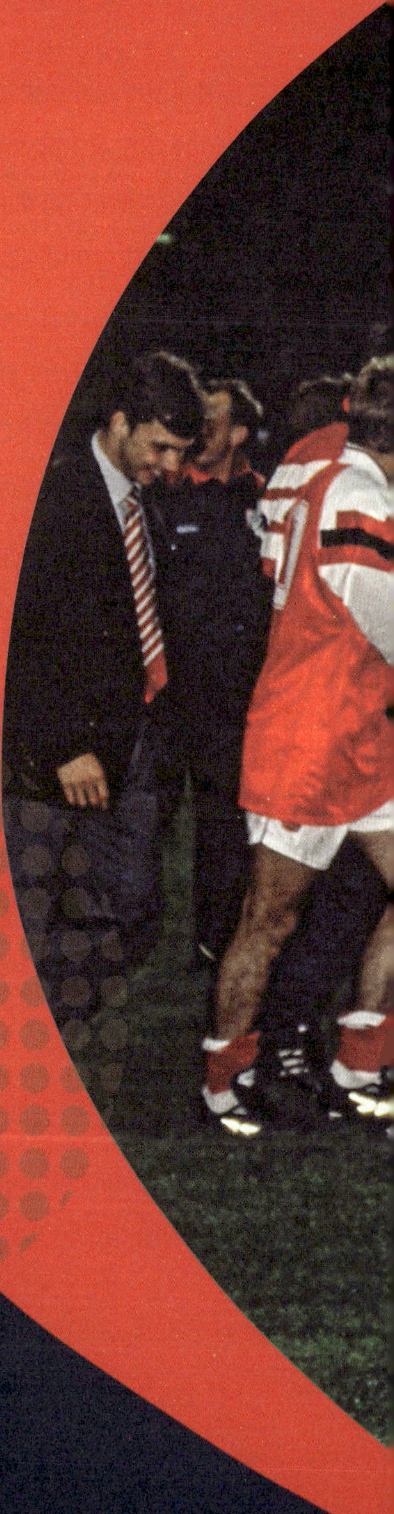

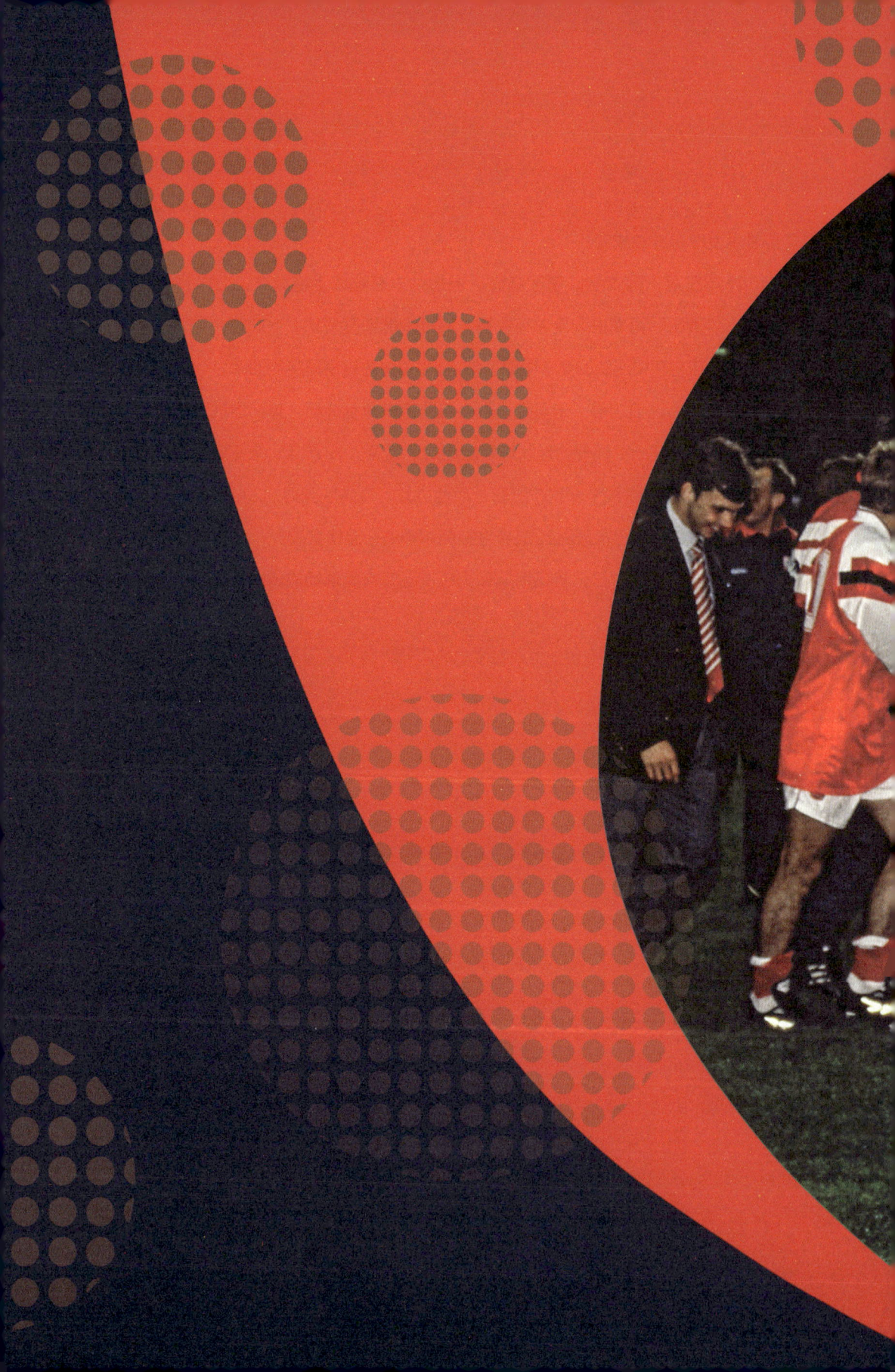

第四章
浮沉二十年

最终,阿森纳队1比0赢了,在1970年夺得国际城市博览会杯冠军之后,时隔24年终于再次问鼎欧战!

01

杯赛专家 再夺冠军

在杯赛的赛场上,特里·尼尔堪称专家,他曾五次率队进入决赛,可惜的是,最终只夺得一个冠军。

01 杯赛专家 再夺冠军

伯尔蒂·米辞职后，接替他的是特里·尼尔。特里·尼尔曾在阿森纳队效力十年之久，还担任过队长，1973年退役之后开启全职执教生涯，三年后被老东家从热刺队挖了过来。年仅34岁的他，成为阿森纳队历史上最年轻的主教练。

特里·尼尔来了，还把帕特·詹宁斯也从热刺队带了过来，并以利亚姆·布拉迪、弗兰克·斯塔普莱顿等人为核心，打造了一支全新的"枪手"。1979年，特里·尼尔甚至有机会从阿根廷签下年轻的天才新星迭戈·马拉多纳，可惜功亏一篑，不然海布里球场将是未来"球王"在欧洲的第一站。此外，他还想从热刺队引进格伦·霍德尔，但霍德尔拒绝为北伦敦死敌效力。

第四章 浮沉二十年

特里·尼尔在阿森纳队执教长达7年，但他率队所取得的联赛成绩一直平平无奇，最高只是第三名，球队在大多数时间里没有争冠的能力。不过，他也带队踢出了几场让球迷印象深刻、至今难以忘怀的比赛，特别是1978年12月23日的那场北伦敦德比。

距离圣诞节还有两天，阿森纳队在白鹿巷球场提前为球迷送上了一份礼物。那个赛季，热刺队刚刚从英乙升回英甲，雄心勃勃地签下了1978年帮助阿根廷队夺得世界杯冠军的奥西·阿尔迪列斯和里基·比利亚。

但是客场作战的阿森纳队给了死敌极其沉重的打击，前锋阿兰·桑德兰上演帽子戏法，弗兰克·斯塔普莱顿传射建功。当然，表现最出色的当数利亚姆·布拉迪，他不仅助攻梅开二度，还亲自打入一球，他在禁区边缘的诡异弧线球世界波被评选为那个赛季的最佳进球。

就这样，阿森纳队取得5比0的大胜，这也是"枪手"在北伦敦德比历史上的最大比分胜利。当赛季结束时，特里·尼尔的球队排名虽然只有第七，但至少比热刺队高了四名！

在杯赛的赛场上，特里·尼尔堪称专家，他曾五次率队进入决赛，可惜的是，最终只夺得一个冠军。

那是1978—1979赛季的足总杯决赛，阿森纳队的对手是曼联队。一年之前，"枪手"在足总杯决赛中0比1不敌伊普斯维奇队，屈居亚军，如今再次跻身决赛，"枪手"可不想重蹈覆辙。

利亚姆·布拉迪发挥依旧非常出色，完全掌控了中场，阿森纳队在他的带领下发起如潮攻势，第12分钟，布莱恩·塔尔波特就破门得分。上半场结束前，利亚姆·布拉迪送出助攻，弗兰克·斯塔普莱顿扩大比分，阿森纳队2比0领先！

看上去，阿森纳队的冠军稳了，然而比赛在最后时刻突然掀起波澜。第86分钟，戈登·麦卡奎因为曼联队扳回一球，仅仅两分钟之后，萨米·麦克罗伊突破

01 杯赛专家 再夺冠军

两名阿森纳队后卫的防守，攻破了帕特·詹宁斯把守的球门，比分竟然变成了2比2平！

难道曼联队要上演惊天大逆转了？阿森纳队说"不"！重新开球之后，利亚姆·布拉迪立刻发动进攻，将球传到左路，格拉汉姆·里克斯随即送出精准的传中球，曼联队门将判断失误，后点的阿兰·桑德兰包抄打入绝杀球！

凭借这一球，阿森纳队有惊无险地以3比2力克曼联队，时隔8年再次问鼎足总杯，这也是球队历史上的第五个足总杯冠军。

1979—1980赛季，特里·尼尔再次率领阿森纳队杀入足总杯决赛，但这一次"枪手"以0比1的比分遗憾负于西汉姆联队，三年来第二次获得亚军。早在赛季之初的慈善盾杯上，阿森纳队就1比3败给利物浦队，加上这个足总杯亚军，"枪手"已经是"双亚王"了。

第四章 浮沉二十年

这个赛季，阿森纳队还在欧洲优胜者杯上获得亚军，"枪手"一路上先后淘汰了费内巴切队、马格德堡队和哥德堡队，在半决赛遭遇尤文图斯队。

首回合，阿森纳队在海布里球场与对手1比1战平，尤文图斯队不仅全身而退，还拿到一个关键的客场进球，占据优势。次回合前往意大利客场作战，阿森纳队迟迟未能打开局面，直到第77分钟，场上比分还是0比0。如果这个比分保持到比赛结束，"枪手"将因为客场进球少的劣势被淘汰。

眼看僵局难破，特里·尼尔主动求变，在第78分钟换上了年仅18岁的前锋保罗·韦森放手一搏。保罗·韦森后来回忆道："0比0的比分会让我们因客场进球劣势被淘汰。我还记得当唐·豪（阿森纳队助理教练）派我上场时，他对我说'去吧，保罗，为我们进一个'，我回答'好的，没问题'。"

是的，确实没问题，保罗·韦森真的做到了。第88分钟，格拉汉姆·里克斯利用让人眼花缭乱的盘带突入禁区并送出传中球，保罗·韦森在无人盯防的情况

01 杯赛专家 再夺冠军

下头球攻门，竟然真的攻破了意大利"门神"迪诺·佐夫的"十指关"！

"我永远不会忘记进球后的场面，整个球场一片死寂。"保罗·韦森说道，"所有烟火、击鼓和加油声都停止了。真是不可思议。"绝杀之后，阿森纳队不仅跻身欧洲优胜者杯决赛，还成为第一支攻克尤文图斯队主场的英格兰球队，创造历史！

可惜的是，这一球就是保罗·韦森职业生涯最光辉的时刻了。后来，他误入歧途，吸食毒品多年，还曾因抢劫被判有罪。2001年8月8日，年仅39岁的他被发现死在自家公寓的浴室里，死因就是吸食毒品过量。他的早逝，令人唏嘘不已。

欧洲优胜者杯决赛，阿森纳队与瓦伦西亚队鏖战120分钟，双方还是0比0难分胜负，只能进行点球大战。利亚姆·布拉迪第一个主罚点球便失手，格拉汉姆·里克斯最后一个主罚也没有将球打入，"枪手"最终遗憾败北，无缘冠军。

02

格拉汉姆：再造辉煌

阿森纳队的球迷对格拉汉姆的感情，可以用"爱恨交加"来形容。

02 格拉汉姆：再造辉煌

在接连失去利亚姆·布拉迪和弗兰克·斯塔普莱顿之后，阿森纳队于1983年夏天以80万英镑的转会费引进了苏格兰前锋查理·尼古拉斯，创造了当时英国球员的转会费纪录，同时球队主席彼得·希尔-伍德也为特里·尼尔送上了为期三年的续约合同。

然而由于阿森纳队战绩不佳，仅仅半年之后，彼得·希尔-伍德就宣布特里·尼尔下课，后来他称这是自己在阿森纳队做出的最痛苦的决定。特里·尼尔下课之后也感到非常失望和伤心，竟然在41岁就直接宣布退休！

唐·豪上任为阿森纳队的新任主帅。他曾是"枪手"的右后卫，退役之后在伯尔蒂·米手下担任预备队教练，后来去其他的球队独立执教，但成绩不好，于是在1977年回到阿森纳队，成为特里·尼尔的助手。

在唐·豪治下，阿森纳队并未取得什么荣誉，他最突出的成绩，就是从青年队大力提拔新人，给了不少年轻球员机会，比如托尼·亚当斯、尼尔·奎因、大卫·罗卡斯尔。尤其是托尼·亚当斯，他在17岁就上演一线队首秀，21岁的时候就成为阿森纳队的队长！

1986年3月22日，唐·豪宣布辞职。阿森纳队原本希望邀请当时在巴塞罗那队（简称"巴萨队"）执教的特里·维纳布尔斯，未果后，最终选择了乔治·格拉汉姆。

第四章 浮沉二十年

阿森纳队的球迷对格拉汉姆的感情，可以用"爱恨交加"来形容。爱，是因为格拉汉姆是球队在1971年夺得"双冠王"时的中场核心，屡次拯救球队，执教"枪手"之后又带来多个冠军；恨，则是因为他在1995年离开阿森纳队之后，竟然去热刺队执教，让"枪手"的球迷无法接受。

其实，格拉汉姆曾效力于伦敦的另一支球队切尔西队，1966年转会到阿森纳队，一开始踢前锋，是队内的头号射手，但因为速度不够快，始终无法成为顶级前锋。直到1969年，伯尔蒂·米让格拉汉姆回撤，踢中场的位置，才彻底激发了他的能力。在这里，格拉汉姆成为真正的进攻组织核心，不仅能后插上射门得分，还能利用技术和脚法为队友创造机会。因为在场上的跑动缓慢，他还获得了"散步者"的绰号。

1986年，恰逢阿森纳队成立100周年，球队的百年庆典，格拉汉姆自然希望送上一份厚礼。自执教阿森纳队之后，他对球队进行了非常严格的管理，极其注重纪律，并且狠抓日常训练。

02 格拉汉姆：再造辉煌

在防守端，格拉汉姆将年轻的托尼·亚当斯作为核心，着手打造一道固若金汤的后防线。而在进攻端，格拉汉姆让大卫·罗卡斯尔和马丁·海耶斯在两条边路活动，保罗·默森已经崭露头角，查理·尼古拉斯和尼尔·奎因则组成了双前锋。

1986—1987赛季，阿森纳队在格拉汉姆的带领下一度排名积分榜榜首，最终获得英甲第四。在联赛杯上，"枪手"走得更远——接连淘汰曼城队、查尔顿队和诺丁汉森林队，与热刺队相逢于半决赛。

半决赛首回合在海布里球场进行，热刺队凭借克莱夫·阿伦的进球1比0小胜。次回合的白鹿巷球场之战，这位热刺队前锋在第16分钟再次破门，阿森纳队总比分已经0比2落后，中场休息时，球场广播甚至在告诉热刺队的球迷如何购买决赛的球票！

遭到羞辱的阿森纳队被激发起斗志，右后卫维夫·安德森在第51分钟扳回一球，尼尔·奎因在第65分钟扳平总比分！由于当时的联赛杯半决赛不计算客场进球，也没有加时赛，双方只能重赛。

重赛在哪儿踢？掷硬币决定！有意思的是，第一次扔出的硬币竟然在水泥地上立了起来，第二次则是热刺队赢了，所以重赛还是在白鹿巷球场举行。

三天之后，阿森纳队再次成为先落后的一方，而且查理·尼古拉斯还受伤了。但在第82分钟，替补登场的伊恩·阿利森竟然顽强地将比分扳平！伤停补时阶段，伊恩·阿利森再次挺身而出，他踢出的球反弹到大卫·罗卡斯尔的跑动路线上，大卫·罗卡斯尔得球之后抽射破门，打入绝杀球！

三场比赛，阿森纳队在近5个小时的时间里第一次领先，就赢得了最后的胜利！格拉汉姆在赛后说道："这可以与我当球员时取得的任何成就媲美，我希望这仅仅是球队一个新时代的开始。"

联赛杯决赛在温布利球场进行，阿森纳队迎战利物浦队。比赛第23分钟，

第四章 浮沉二十年

利物浦队的传奇射手伊恩·拉什率先发威，打入全场比赛的第一球，而在他最近150场取得进球的比赛中，利物浦队竟然从未输过！

不过，阿森纳队偏偏不信邪。第30分钟，查理·尼古拉斯射门，球击中球门立柱后弹出。随后队友从边路送出传中球，查理·尼古拉斯门前推射破门，将比分扳平。第83分钟，替补上场的佩里·格罗夫斯摆脱对方球员加里·吉莱斯皮之后，将球分给了查理·尼古拉斯，查理·尼古拉斯第一时间射门，球打在防守队员身上之后发生变向，滚进了利物浦队的球门！

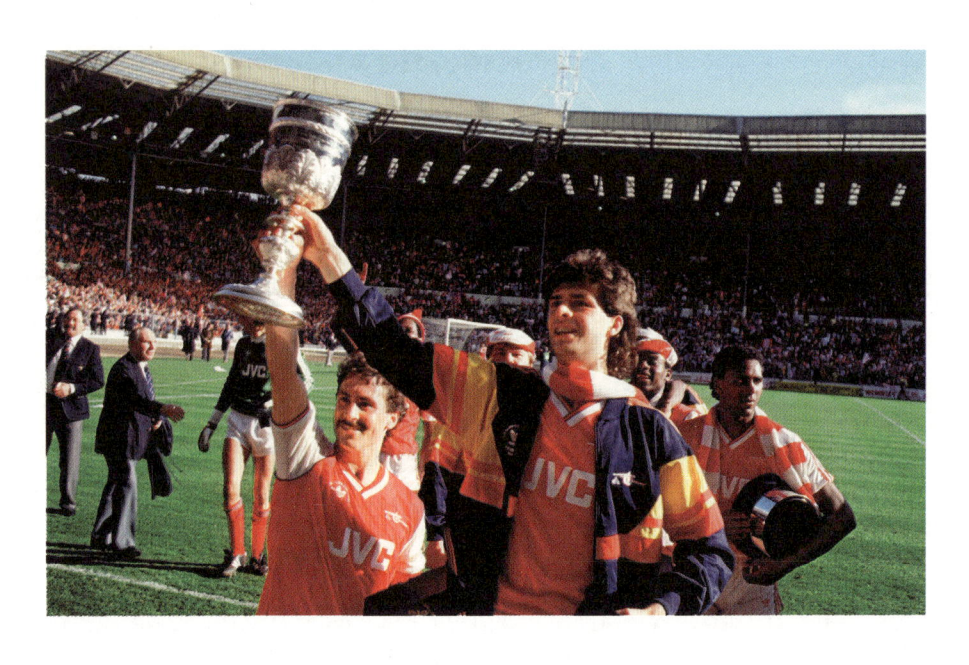

又是逆转！又是绝杀！阿森纳队最终2比1取胜，格拉汉姆带领球员踏上著名的温布利长梯，将冠军奖杯高高举起。要知道，这可是"枪手"历史上第一次夺得联赛杯冠军，而格拉汉姆在执教的第一个赛季，就创造了前无古人的纪录！

03

18年首冠

经历18年的苦苦等待之后,阿森纳队终于再次成为英格兰顶级足球联赛的王者,这是球队的第九座英甲冠军奖杯,而第十座就在不久的将来。

第四章 浮沉二十年

1987—1988赛季，阿森纳队从莱斯特城队引进了英格兰前锋阿兰·史密斯，他在联赛第四轮对阵朴次茅斯队的比赛中上演帽子戏法，并最终以16球成为队内的赛季最佳射手。

这个赛季，阿森纳队再次进入联赛杯决赛，可惜以2比3的比分爆冷输给黑马卢顿队，未能蝉联冠军。不过接下来，"枪手"就将迎来新的辉煌！

1988—1989赛季，格拉汉姆率领阿森纳队向联赛冠军发起冲击，但是最后的两场主场比赛，"枪手"先是1比2输给德比郡队，接着又被温布尔登队2比2逼平。在最后一轮比赛到来之前，阿森纳队不仅落后榜首的利物浦队3分，还少两个净胜球。而这最后一轮，正好是两队直接交锋，这是真正意义上的冠军之战！

1989年5月26日，阿森纳队做客安菲尔德球场挑战利物浦队，这也许是英格兰顶级足球联赛历史上最富有戏剧性的冠军争夺战了。面对这场决战，格拉汉姆极富勇气地果断变阵，改打三后卫阵形，让托尼·亚当斯、史蒂夫·博尔德和大卫·奥莱利组成中后卫，解放了右后卫李·迪克逊和左后卫奈杰尔·温特伯恩，让他们大胆压上进攻，同时压制住对手边后卫的助攻。

这一变阵果然奏效了。比赛第52分钟，奈杰尔·温特伯恩右路任意球传中，埋伏在禁区内的阿兰·史密斯头球破门！利物浦队球员围住裁判，他们认为阿兰·史密斯越位在先，但裁判还是坚持认为进球有效。

利物浦队发动疯狂反击，但也留下了漏洞。伤停补时阶段，阿兰·史密斯助攻迈克尔·托马斯破门得分。

03 18年首冠

2比0！阿森纳队击败利物浦队，两队最终成绩都是22胜10平6负，同积76分，净胜球也都是37个，但是"枪手"进球数多了8个，因此夺得英甲冠军！

经历18年的苦苦等待之后，阿森纳队终于再次成为英格兰顶级足球联赛的王者，这是球队的第九座英甲冠军奖杯，而第十座就在不久的将来。

04

第十冠
英格兰"双冠王"

当阿森纳队球员入场时,海布里球场内爆发出山呼海啸般的欢呼声和雷鸣般的掌声,曼联队的球员也列队迎接冠军成员。

04 第十冠 英格兰"双冠王"

1989—1990赛季，阿森纳队状态下滑，最终只获得英甲第四。1990年夏天，"枪手"从女王公园巡游者队引进了门将大卫·希曼，著名的"后防五老"正式诞生：大卫·希曼、托尼·亚当斯、史蒂夫·博尔德、李·迪克逊和奈杰尔·温特伯恩。

有了稳固的后防线，再加上瑞典新援安德斯·林帕的出色发挥，阿森纳队在1990—1991赛季的联赛里强势出击，再次与利物浦队展开冠军之争。值得一提的是，1990年10月，阿森纳队1比0击败曼联队，在这场比赛中发生斗殴事件，导致"枪手"被扣掉2分，托尼·亚当斯也被禁赛8周。不过等到1991年5月6日再战曼联队时，"枪手"距离冠军只有一步之遥。

在那场比赛之前，如果利物浦队客场输给诺丁汉森林队，阿森纳队甚至可以直接"躺冠"。格拉汉姆率领球员一起观看了对手的比赛，结果利物浦队真的输了，"枪手"提前夺冠！

不过自己的比赛该踢还是得踢。当阿森纳队球员入场时，海布里球场内爆发出山呼海啸般的欢呼声和雷鸣般的掌声，曼联队的球员也列队迎接冠军成员。

比赛结果也没有让主场球迷失望。第18分钟，阿兰·史密斯接到李·迪克逊的传球射门得手，阿森纳队率先取得领先；上半场结束前，他又接凯文·坎贝尔的传球再下一城，梅开二度。

下半场，阿兰·史密斯在海布里球场完成帽子戏法。而这个赛季，阿兰·史密斯最终以22球获得英甲金靴奖！

第四章 浮沉二十年

最终，阿森纳队力压利物浦队，夺得顶级联赛的第十冠！"枪手"也绝对配得上这一冠军，因为其整个赛季竟然只输了一场比赛，那就是1991年2月2日客场1比2不敌切尔西队，而且球队整个赛季一共24次零封对手，只丢18球。

可惜的是，阿森纳队又一次错失建立王朝的机会，因为1991—1992赛季"枪手"再次获得英甲第四。1992—1993赛季，英超创立，"枪手"更是直接暴跌至第十。

不过在1992—1993赛季，格拉汉姆却率领阿森纳队成为"双冠王"。在1993年4月的联赛杯决赛中，阿森纳队凭借保罗·默森和史蒂夫·莫罗的进球2比1击败谢菲尔德星期三队，第二次夺得该项赛事的冠军。有意思的是，在夺冠庆典仪式上，托尼·亚当斯提议大家将史蒂夫·莫罗抛起来，但没想到队友们管抛不管接，这位进球功臣重重地摔在了地上，结果一只手骨折，还没领奖就直接被担

04 第十冠 英格兰"双冠王"

架抬出了庆典仪式！

足总杯赛场，阿森纳队在连续淘汰利兹联队、诺丁汉森林队和热刺队之后，竟然再次与谢菲尔德星期三队在决赛上重逢，真所谓不是冤家不聚头。这次史蒂夫·莫罗没有出场，但他在决赛之前来到温布利球场，领取了联赛杯的冠军奖牌。

1991年加盟阿森纳队的英格兰前锋伊恩·赖特在第20分钟头球破门，帮助阿森纳队取得领先。随后谢菲尔德星期三队展开了反击，大卫·赫斯特将比分扳平，两队不得不进行重赛。

有6万多名观众在现场观看这场重赛，因为意外，比赛还被迫推迟了半个小时。伊恩·赖特在第34分钟接阿兰·史密斯的助攻打破场上僵局，谢菲尔德星期三队由克里斯·瓦德尔扳平比分，还是1比1，双方进行加时赛。

30分钟的加时赛即将过去，眼看这场历史上最漫长的足总杯决赛要踢点球大战了，比赛第119分钟，保罗·默森发出角球，阿森纳队后卫安迪·连尼根高高跃起，头球攻门！对方门将把球托向了空中，但依然无法阻止球入网。

第四章 浮沉二十年

绝杀！要知道，安迪·连尼根在上半场与对手相撞，鼻骨骨折了，但他一直在场上坚持，最终打入了绝杀球，这也是他为阿森纳队出场150多次打入的8球当中最宝贵的一球。

这场决赛，也是大卫·奥莱利为阿森纳队出战的最后一场比赛。出场722次，他至今仍是球队历史上出场次数最多的球员。

05

问鼎欧战 8年7冠

这场胜利,被格拉汉姆视为其执教阿森纳队最满意的两场比赛之一,另一场就是1989年的安菲尔德球场之战。

第四章 浮沉二十年

1993—1994赛季，阿森纳队的英超排名升至第四，但球队的主要成就依然是在杯赛方面，只不过这一次是欧洲杯赛。

在欧洲优胜者杯上，"枪手"接连淘汰丹麦的欧登塞队、比利时的标准列日队和意大利的都灵队，半决赛又以2比1的总比分力克法国的巴黎圣日耳曼队，与意大利的帕尔马队会师决赛。

然而，决赛时的阿森纳队遭遇人员危机。主力前锋伊恩·赖特停赛，中卫马丁·基翁因伤缺席，中场约翰·延森也无法出战。格拉汉姆被迫使用缺乏经验的伊恩·谢里和史蒂夫·莫罗踢中场，两条边路是保罗·默森和凯文·坎贝尔，阿兰·史密斯出任中锋。所幸，大卫·希曼能带伤坚持出场。

相比之下，帕尔马队可谓人才济济，门将是卢卡·布奇，中场有瑞典名将托马斯·布洛林和阿根廷国脚内斯托·圣西尼，锋线上则是哥伦比亚的法斯蒂诺·阿斯普里拉和意大利传奇球星詹弗兰科·佐拉。帕尔马队的实力也确实强大，比赛刚开场不久，布洛林的射门就击中了门柱，阿斯普里拉的射门也让大卫·希曼惊出一身冷汗。

然而令人意外的是，阿森纳队竟然先进球了！比赛第20分钟，帕尔马队后卫洛伦佐·米诺蒂出现冒顶，阿兰·史密斯胸部停球，左脚凌空抽射，球击中球门立柱后反弹入网！

随后，帕尔马队不断发起潮水般的攻势，但大卫·希曼、李·迪克逊、史蒂夫·博尔德、托尼·亚当斯和奈杰尔·温特伯恩拼死守住了防线。最终，阿森纳

05 问鼎欧战 8年7冠

队1比0赢了,在1970年夺得国际城市博览会杯冠军之后,时隔24年终于再次问鼎欧战!

这场胜利,被格拉汉姆视为其执教阿森纳队最满意的两场比赛之一,另一场就是1989年的安菲尔德球场之战。而"1比0",则被认为是"格拉汉姆式"的胜利,当时舆论都在质疑他的"1比0主义"。

从1986年到1994年,格拉汉姆用了8年时间,为阿森纳队夺得两个顶级联赛冠军、两个联赛杯冠军、一个足总杯冠军、一个慈善盾杯冠军,以及一个欧洲优胜者杯冠军,七座冠军奖杯熠熠生辉,他缔造了一个辉煌的时代。

格拉汉姆本来憧憬着带领阿森纳队获得更大的成就,然而,他私下里两次接受挪威经纪人鲁内·豪格的贿赂,从对方那里引进了两名"水货"球员,总计受贿42.5万英镑。

第四章 浮沉二十年

一名丹麦记者一直怀疑豪格在安排球员转会的过程中有不合规矩之处，经过仔细核对转会球员相关球队的账务，他发现了漏洞，于是揭发了格拉汉姆受贿的丑闻。结果，格拉汉姆不但必须把赃款和利息上缴球队，还被罚款5万英镑。

1995年2月，由于巨大的舆论压力，阿森纳队宣布解雇格拉汉姆，他随即被英足总禁止执教一年。一年之后，格拉汉姆在利兹联队重执教鞭，并于1998年入主白鹿巷球场，成为热刺队的主帅。然而，他再也无法取得在阿森纳队的成就，最终于2001年合同到期后黯然退休。

格拉汉姆下课之后，他的助理教练斯图尔特·休斯顿担任临时主帅，带领阿森纳队杀入1994—1995赛季的欧洲优胜者杯决赛，可惜球队在加时赛惨遭萨拉戈萨队绝杀，未能再次夺冠。

1995年夏天，苏格兰队名宿布鲁斯·里奥奇成为阿森纳队的新帅，他将球队

05 问鼎欧战 8年7冠

带至英超第五,帮助球队获得了欧联的参赛资格,但同时,他把伊恩·赖特放在了其并不喜欢的左边锋位置,还与托尼·亚当斯等球队大佬发生龃龉。

　　压倒里奥奇的最后一根稻草,是他在1996—1997赛季开始前就转会资金的问题与球队管理层产生矛盾。不久之后,里奥奇就被解雇了。此后,斯图尔特·休斯顿和帕特·莱斯先后担任阿森纳队的临时主帅,直到阿尔赛纳·温格到来。

((on!))

第五章

温格：
最伟大，没有之一

18年17冠，已经确立了温格在阿森纳队至高无上的历史地位，更何况，还有那震古烁今的49场不败。

01

温格是谁?

温格给人的印象是温文尔雅,而且他还有"教授"的美誉。

01 温格是谁？

"温格是谁？"这是温格刚来阿森纳队时，英国媒体《伦敦标准晚报》打出的大标题。这家媒体当然不至于完全不认识温格，只是在质疑这个此前名不见经传的法国教练是否有资格和能力执教这支北伦敦球队。

那么温格到底是谁呢？1949年10月22日，温格出生于法国斯特拉斯堡郊区的一座小镇上。温格的父亲曾经参加过第二次世界大战，残酷的战争经历使得他的父亲非常重视家庭的和睦与美满，家里的经济条件也不错，所以温格自幼就受到高质量的教育。在2007年的一次采访中，他就表示，儿时父母的教育对自己人生观的建立具有很大的帮助。

第五章 温格：最伟大，没有之一

1969年，20岁的温格正式与穆特齐格队签约，成为一名职业球员，他主要以防守型中场和清道夫的身份出现。不过温格的足球天赋确实平平无奇，所以在接下来的近十年时间里，他一直都在法国低级别联赛的球队效力，直到1979年才代表斯特拉斯堡队夺得法国足球甲级联赛冠军。而仅仅两年之后，年仅31岁的温格就宣布退役了。

温格给人的印象是温文尔雅，而且他还有"教授"的美誉。其实早在1971年，他就被斯特拉斯堡大学录取，在经济管理学院学习政治经济学。他注重学术研究，在踢球的时候，也很喜欢进行研究。他的恩师马克斯·希尔德曾说过："无论在比赛中还是在训练场上，温格都是球队的领导者，球员对他都很服从，他也会协助教练安排战术，指导球队的具体部署。在某种意义上，温格在球员时期就已经在承担教练的责任了，球员们对此都很认同。"

所以，在退役之后，温格立刻就考取了教练资格证书，并得到了法国传奇球星米歇尔·普拉蒂尼父亲的推荐，于1984年成为南锡队的主帅，正式开启执教生涯。

执教南锡队的第一个赛季，温格就率队获得联赛第11名，轻松保级。然而好景不长，第三个赛季，南锡队惨遭降级，温格也遭到了第一次重大打击。虽然在过去的三年里，温格沉下心来打造自己的球队，购买先进设备、聘请专家顾问、注重青训，但南锡队此时已经失去耐心，双方最终分道扬镳。

1987年，37岁的温格成为摩纳哥队的主教练，结果第一个赛季就率队夺得法国足球甲级联赛冠军！他使用"442"阵形，由帕特里克·巴蒂斯通领衔后防线，马克·哈特利和格伦·霍德尔组成双前锋，球队在攻防两端的表现都相当突出。1988年，温格又慧眼识珠，引进了未来的金球奖得主乔治·维阿，乔治·维阿让摩纳哥队的进攻火力更加凶猛，可惜球队防守不够稳健，所以最终排名第三。

1991年，温格率队战胜马赛队，夺得法国杯冠军。一年后，摩纳哥队又晋级

01 温格是谁？

欧洲优胜者杯决赛，遗憾的是最终0比2不敌云达不来梅队，屈居亚军。1992年，有"金色轰炸机"之称的德国前锋尤尔根·克林斯曼来到摩纳哥队，不过此时温格的球队已经开始走下坡路。1993—1994赛季，摩纳哥队一度跌至积分榜第17名，温格被球队解雇。

接下来，温格的选择相当出人意料：他接受了名古屋鲸八队的邀请，远渡重洋前往日本执教！要知道，当时日本足球的水平和知名度与今日相差甚远，温格也不是没有留在法国或者欧洲其他国家执教的机会，但他还是选择去探索不同的足球文化。

1995年，温格凭借着率领名古屋鲸八队打出的骄人战绩，被评选为当年的日本职业足球联赛最佳教练，还结识了南斯拉夫队前队长博罗·普里莫拉茨。1996年，温格又率领名古屋鲸八队夺得了日本天皇杯和日本超级杯的冠军。温格接触

93

第五章　温格：最伟大，没有之一

了不同的文化之后，足球哲学更加丰满，所以当阿森纳队发来邀请时，他决定重返欧洲。

　　虽然温格在日本执教的时间很短，但当他在名古屋鲸八队的主场告别之时，还是有很多球迷热泪盈眶，因为他们都知道，这样一位优秀的教练即将走上更大的舞台，不再属于这里了。

02

驾临海布里球场

其实早在1989年1月2日,阿森纳队和温格就结下缘分了。

第五章　温格：最伟大，没有之一

我们知道了"温格是谁"，那么第二个问题就来了：阿森纳队为何要聘请温格呢？双方看上去毫无联系，更何况温格当时还在遥远的日本。

其实早在1989年1月2日，阿森纳队和温格就结下缘分了。当时还是摩纳哥队主帅的温格刚去土耳其考察了欧洲冠军俱乐部杯（欧洲冠军联赛的前身，统一简称"欧冠"）1/4决赛的对手加拉塔萨雷队，回法国的中途在伦敦逗留。看他闲来无事，他的经纪人丹尼斯·罗奇为他搞到一张海布里球场的包厢票，于是温格就去看了阿森纳队与热刺队的北伦敦德比。

阿森纳队副主席大卫·戴恩得知这一消息后，出于礼貌前往包厢与温格见面，没想到两人相谈甚欢。温格表示第二天一早就启程回摩纳哥，戴恩就问他当天晚上有什么安排，他说没什么安排。"这个回答永远改变了我们的人生，不光是我和温格的人生，还有阿森纳队以及整个英格兰足球的未来。"后来戴恩回忆道。

当天晚上，戴恩就带着温格一起参加了朋友的聚会，一开始玩猜词游戏，后来温格还在众人面前表演了英国文豪威廉·莎士比亚创作的著名喜剧《仲夏夜之梦》的片段。

后来，戴恩频繁与温格联系，甚至还去现场看了几场摩纳哥队的比赛。其实在那时，戴恩就已经在面试这个法国人了，不过当时格拉汉姆的帅位还非常稳，戴恩只是在未雨绸缪。

温格在日本执教时，戴恩经常会给他寄录像带，里面都是阿森纳队的比赛

02 驾临海布里球场

录像。闲暇之余，温格会认真看完，然后用传真的方式把自己的观后感回复给戴恩。此时，戴恩彻底认定温格就是阿森纳队主帅最合适的人选，于是格拉汉姆下课之后，他就一直在劝说"教授"接手。

在切尔西的一家饭店里，阿森纳队董事会曾经安排过一次对温格的非正式面试，除了戴恩，其他董事会成员都不希望任命一名外籍主帅，所以"枪手"最终选择了里奥奇。

但是很快里奥奇也离开了，这一次，所有人都同意了戴恩的意见，温格正式成为阿森纳队的主教练！

不过对于当时的教练组成员和球员来说，他们确实不认识温格，也从来没有听说过。被球迷亲切地称为"米饭叔"的帕特·莱斯就表示："我们不知道他是谁，我们只知道这家伙叫阿尔赛纳·温格，他执教过摩纳哥队，并且之前一直待在日本。我们想，他是谁？怎么可能大家都没听说过他？既然这样，那这家伙肯

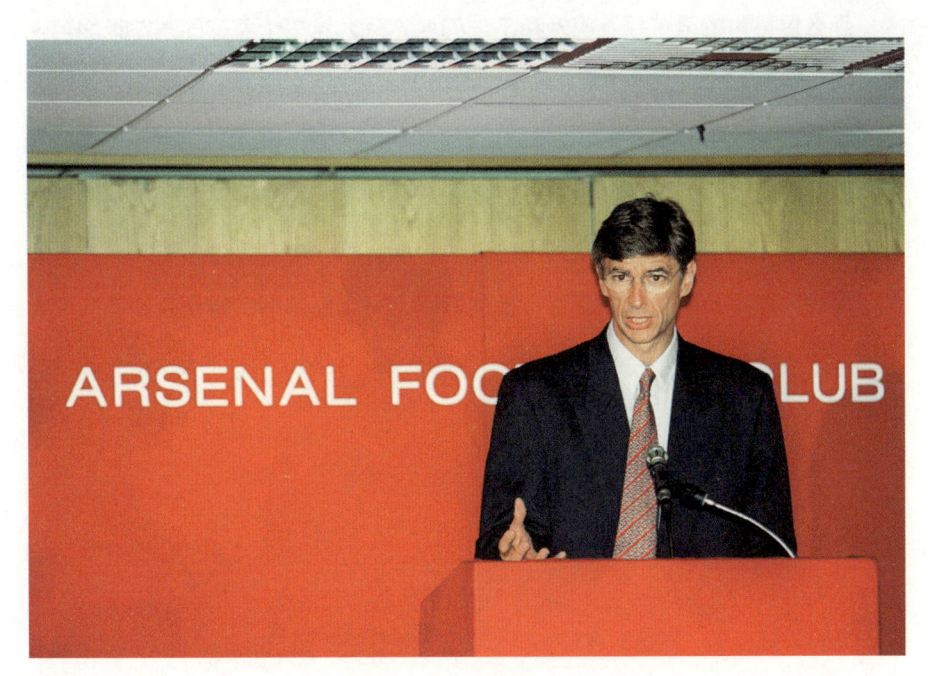

第五章 温格：最伟大，没有之一

定好不到哪儿去！"

结果，帕特·莱斯第一个知道了温格的厉害。温格在1996年10月1日才正式上任，但六天之前的欧联比赛，他就开始干预球队了。当时阿森纳队在客场对阵门兴格拉德巴赫队，中场休息时，温格出人意料地出现在更衣室，并建议临时主教练帕特·莱斯将"352"阵形改为"442"平行站位。

然而，温格的这次干预并不成功。原本两队的总比分是3比4，但下半场变阵的阿森纳队连丢两球，最终以4比6的比分被淘汰，一些球员感到很不开心，甚至在赛后表示抗议。

温格与阿森纳队球员的第一次正式见面，是在一次训练之前，当时"枪手"还和伦敦大学的球队共用一片训练场。温格一身休闲装，戴着老学究常戴的那种眼镜，看起来像是一位学富五车的大学教授，而不是足球教练，阿森纳队的球员都在嘀咕："这个怪人到底是谁？"

那么温格真的很"怪"吗？私下里的他，又究竟是个怎样的人？长期担任阿森纳队助理教练的帕特·莱斯表示，温格其实颇为风趣幽默，有时候会讲冷笑话，但他的一切几乎都围绕着足球，每天训练结束之后，他会立即回家吃饭，然后再看两三场足球比赛，他也许去过剧院，但只要出门，10次里有9次是参加慈善晚宴，或者是与球队相关的活动。

当然，温格也不是没有爱好，他的爱好之一就是读书，特别是阅读历史人物的传记。他对历史、哲学、宗教都非常感兴趣，当然还有他的专业——政治经济学。

03

成就：18年17冠

执教"枪手"18年，温格为阿森纳队带来了3个英超冠军、7个足总杯冠军、7个社区盾杯（含慈善盾杯）冠军，各项赛事的冠军总计17个。

第五章　温格：最伟大，没有之一

1996年10月1日，温格正式成为阿森纳队的主教练，他用了22年时间，让自己成为"枪手"历史上最伟大的主教练，没有之一。是的，即便伟大如赫伯特·查普曼，与温格相比，也要稍逊一筹。

温格的最伟大之处，当然是他率领阿森纳队取得的卓越成绩。

温格执教阿森纳队的第一个完整赛季，也就是1997—1998赛季，"教授"的球队虽然上半程表现得并不出色，但在1比3输给布莱克本流浪者队之后，知耻后勇，剩下的20轮竟然只输掉2场，最终以1分的优势击败亚历克斯·弗格森执教的曼联队，第一次夺得英超冠军！

在足总杯决赛中，"枪手"以2比0的比分战胜纽卡斯尔联队，加冕"双冠王"，没有比这更完美的开局了。

03 成就：18 年 17 冠

之后的三个赛季，阿森纳队一直是英超冠军的有力争夺者，可惜连续三年屈居亚军，还见证了曼联队的英超三连冠。到了2001—2002赛季，"枪手"再次向英超冠军发起冲击，与曼联队和利物浦队展开"殊死较量"。

这个赛季，阿森纳队每轮比赛都有进球入账，成为英超历史上第一支达此成就的球队，法国前锋蒂埃里·亨利发挥尤其出色，33轮打入24球，荣获英超金靴奖，他的法国同胞罗贝尔·皮雷斯和西尔万·维尔托德也交出了令人满意的进球数据，而队内的第二射手则是瑞典中场弗雷德里克·永贝里。

这个赛季足总杯的决赛在英超谢幕前举行，凭借雷·帕洛尔和永贝里的进球，阿森纳队2比0击败切尔西队，先夺一冠。四天之后，"枪手"前往老特拉福德球场对阵曼联队，只需要拿走1分，就能提前问鼎英超。

虽然亨利、丹尼斯·博格坎普、皮雷斯等人缺席，但阿森纳队还是凭借维尔托德的补射破门，1比0击败曼联队。这样一来，阿森纳队整个赛季客场不败，以7分的优势第二次问鼎英超，同时也实现了球队历史上第三次"双冠王"的壮举！

101

第五章　温格：最伟大，没有之一

温格感叹道："当你赢得了英超冠军的时候，你会认为这是一个特殊的赛季，要知道，成为足总杯和英超'双冠王'是非常困难的。在这里，你拥有一切，你拥有所有阿森纳球迷的巨大支持。"

2002—2003赛季，阿森纳队在足总杯成功卫冕，可惜在英超不敌曼联队，又一次获得亚军。不过更辉煌的成就马上就来了：2003—2004赛季，"枪手"以不败战绩捧起英超冠军奖杯，从2002—2003赛季到2004—2005赛季，横跨三个赛季的英超49场不败更是创造了英格兰足坛亘古未有的神奇纪录！

2004—2005赛季，阿森纳队第五次屈居英超亚军，这一次输给了若泽·穆里尼奥执教的切尔西队，不过"枪手"再次赢得了足总杯冠军。2005—2006赛季，温格率领球队第一次杀入欧冠决赛，可惜最终与奖杯擦肩而过，不过截至2023—2024赛季结束，这依然是阿森纳队在欧冠历史上的最佳成绩。

2005年之后，阿森纳队一度长达9年无冠，2013—2014赛季，温格终于靠着一座足总杯冠军奖杯打破"魔咒"。后来温格承认，如果没有能够率队拿到这座足总杯冠军奖杯，他甚至有可能会被解雇！2014—2015赛季，阿森纳队蝉联了足总杯冠军。

2016—2017赛季，阿森纳队四年内第三次称雄足总杯，夺冠总数达到创纪录的13次，这是温格执教阿森纳队的最后一座重大赛事奖杯，他说道："很多时候，很多人都说我们无力再去争夺冠军了，但实际上我们依然在为了冠军而努力。我们创造了足总杯夺冠次数的纪录，我有幸赢得了7次。你需要非常幸运才能够在你的职业生涯中做到这一点。"

03 成就：18年17冠

2017年8月6日，"枪手"在社区盾杯（2002年慈善盾杯更名为社区盾杯）中经过点球大战击败切尔西队，温格率队赢得了自己在阿森纳队的最后一座正式比赛的冠军奖杯。

执教"枪手"18年，温格为阿森纳队带来了3个英超冠军、7个足总杯冠军、7个社区盾杯（含慈善盾杯）冠军，各项赛事的冠军总计17个。

18年17冠，已经确立了温格在阿森纳队至高无上的历史地位，更何况，还有那震古烁今的49场不败。

04

巅峰：英超 49 场不败

49场英超比赛，36胜13平0负，阿森纳队的49场不败纪录，其实不是始于2003—2004赛季，而是始于2002—2003赛季。

04 巅峰：英超49场不败

49场英超比赛，36胜13平0负，阿森纳队的49场不败纪录，其实不是始于2003—2004赛季，而是始于2002—2003赛季。2003年5月7日，"枪手"在海布里球场6比1大胜南安普顿队，皮雷斯和杰梅因·劳埃德·彭南特双双上演帽子戏法。四天之后，"枪手"客场4比0战胜桑德兰队，永贝里上演帽子戏法，为这个不完美的赛季画上了句号。

2003年8月16日，新赛季英超首战，阿森纳队主场2比1战胜埃弗顿队，亨利和皮雷斯各入一球。前五轮取得4胜1平之后，温格的球队遇到了最大的考验：客

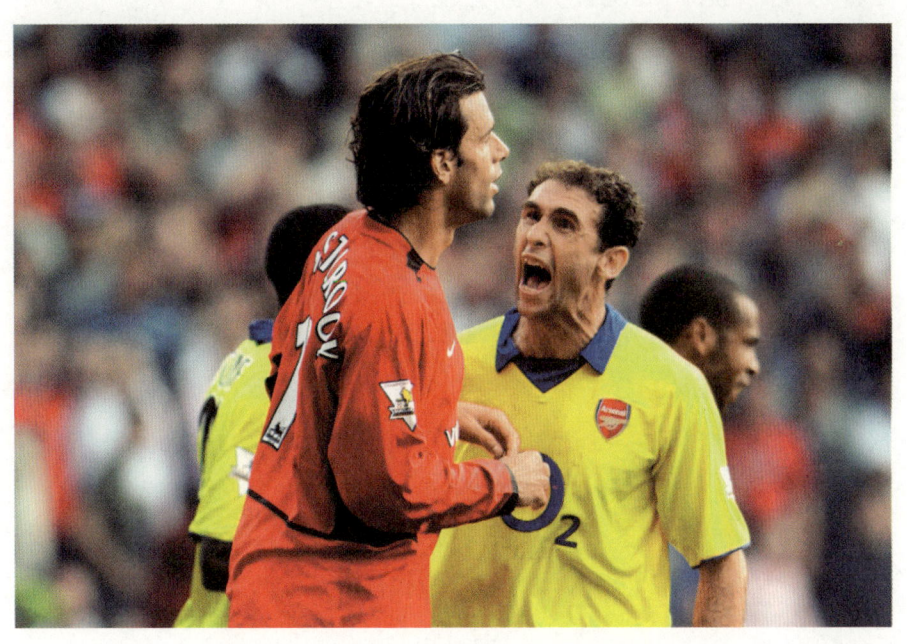

第五章 温格：最伟大，没有之一

场挑战曼联队。若非曼联队中锋鲁德·范尼斯特鲁伊最后时刻的点球击中球门横梁，"枪手"的"不败金身"很可能早早就被打破，而马丁·基翁冲着范尼斯特鲁伊怒吼的画面，也成为经典。

从那之后，阿森纳队已经势不可当，哪怕是面对豪门球队，也难求一败：埃杜·加斯帕助攻双响，"枪手"2比1逆转利物浦队；亨利制胜进球，"枪手"2比1击败切尔西队；皮雷斯和永贝里双双建功，"枪手"2比1逆转热刺队；帕特里克·维埃拉与加斯帕救主，"枪手""双杀"切尔西队；亨利上演帽子戏法，"枪手""双杀"利物浦队。

不得不说，温格已经打造了一支可以和英格兰乃至欧洲足坛任何顶级豪门抗衡的球队：门将是延斯·莱曼；中卫组合是索尔·坎贝尔和科洛·图雷，左后卫是阿什利·科尔，右后卫是劳伦；法国人维埃拉和巴西人吉尔伯托·席尔瓦搭档中场，皮雷斯在左路，永贝里在右路；锋线上则是亨利和博格坎普；替补席上还坐着加斯帕、帕洛尔、恩万科·卡努等人。

2004年4月25日，赛季已经33场英超不败的阿森纳队做客白鹿巷球场，只要从热刺队身上拿到1分，就能提前夺冠！开场3分钟，亨利发动反击，博格坎普助攻，维埃拉铲射破门。

第35分钟，博格坎普送出直传球，维埃拉突破之后倒三角回传，皮雷斯跟上推射得手，"枪手"已经2比0领先。

热刺队显然不想让死敌在自己的地盘上夺冠，杰米·雷德克纳普远射扳回一球，罗比·基恩在第94分钟又点球绝平。但只有1分，就足以让阿森纳队提前夺得第三个英超冠军！

04 巅峰：英超49场不败

随后，阿森纳队再接再厉，最终38轮取得26胜12平，以不败战绩结束联赛，成为英超历史上第一支赛季不败的球队，也是继1888—1889赛季的普雷斯顿队之后，英格兰顶级足球联赛历史上又一支赛季不败的球队。

对此，温格表示："整个赛季不败是一件非常特别的事，在我们拿下英超前4场比赛时，我们没有意识到冠军最终会属于我们，但是我们并没有放弃对冠军的追逐。我始终在鼓励着这些小伙子，他们最终做到了。我们在英超中取得了26胜12平的成绩，在我看来这是一个非凡的成绩。"

2004年8月25日，阿森纳队主场3比0大胜布莱克本流浪者队，取得43场不败，打破了由诺丁汉森林队保持了26年的42场不败纪录。

2004年10月24日，阿森纳队的不败之旅最终在老特拉福德球场落下帷幕：曼联队凭借一个牵强的点球2比0取胜。这样一来，阿森纳队距离AC米兰队保持的欧洲五大联赛连续不败场次纪录（58场），只差了9场。

第五章　温格：最伟大，没有之一

　　在与曼联队的这场比赛里，还发生了所谓的"比萨门"事件，后来温格回忆道："我们已经取得了49场比赛不败的成就，与曼联队比赛时的裁判很糟糕，我们又很不走运，因为当里奥·费迪南德阻止永贝里的时候，裁判没有做出任何表示。但这是一场公平的比赛，也是一场精彩的比赛，曼联队表现得不错，我们也踢得很好，如果当时你可以接受以某种方式输球，那就是在老特拉福德球场输球。

　　"除了比赛本身，比赛之后还有一场战斗，是发生在球员通道里的一场斗殴。你知道，老特拉福德球场并不大，当时的局面也显得很紧张，塞斯克·法布雷加斯把比萨扔到了某个地方，我不认为他想扔到弗格森爵士的身上，但巧合的是，比萨落在了弗格森爵士的衣服上。"

05

最大遗憾 无缘欧冠

从1998—1999赛季开始,到2016—2017赛季为止,阿森纳队从未缺席过欧冠,但哪怕是2003—2004赛季英超不败夺冠的"枪手",也只走到了1/4决赛。

第五章　温格：最伟大，没有之一

遗憾的是，温格从未带领阿森纳队夺得过联赛杯冠军，也因此未能完成英格兰赛事的大满贯；更遗憾的是，他还未能率队捧起欧冠奖杯，未能给阿森纳队增添欧洲赛场的至高荣誉。

从1998—1999赛季开始，到2016—2017赛季为止，阿森纳队从未缺席过欧冠，但哪怕是2003—2004赛季英超不败夺冠的"枪手"，也只走到了1/4决赛。而从2010—2011赛季起，阿森纳队竟然连续七个赛季止步16强！

不过在那之前，"枪手"也曾在欧冠赛场上演过经典战役。

05 最大遗憾 无缘欧冠

比如2003年11月的欧冠小组赛，阿森纳队在梅阿查球场5比1击败国际米兰队，让其吞下了47年以来在欧洲赛事中最大比分的主场失利。亨利打入2球、送出2次助攻，闪耀全场，尤其是他打入的第二球，格外精彩：

亨利接到帕洛尔在中圈的头球摆渡之后，一路带球突破，两次摆脱阿根廷队队长哈维尔·萨内蒂的纠缠，左脚劲射攻破了意大利队"门神"弗朗西斯科·托尔多把守的大门！

2006年2月21日的欧冠1/8决赛首回合，阿森纳队客场1比0击败皇家马德里队（简称"皇马队"），成为第一支攻克伯纳乌球场的英格兰球队！虽然阿森纳队有8名球员缺席，但下半场刚开始，法布雷加斯在中圈传球给亨利，亨利摆脱罗纳尔多的防守，带球突破闯入禁区之后射门，球越过伊戈尔·卡西利亚斯的"十指关"，应声入网！

第五章　温格：最伟大，没有之一

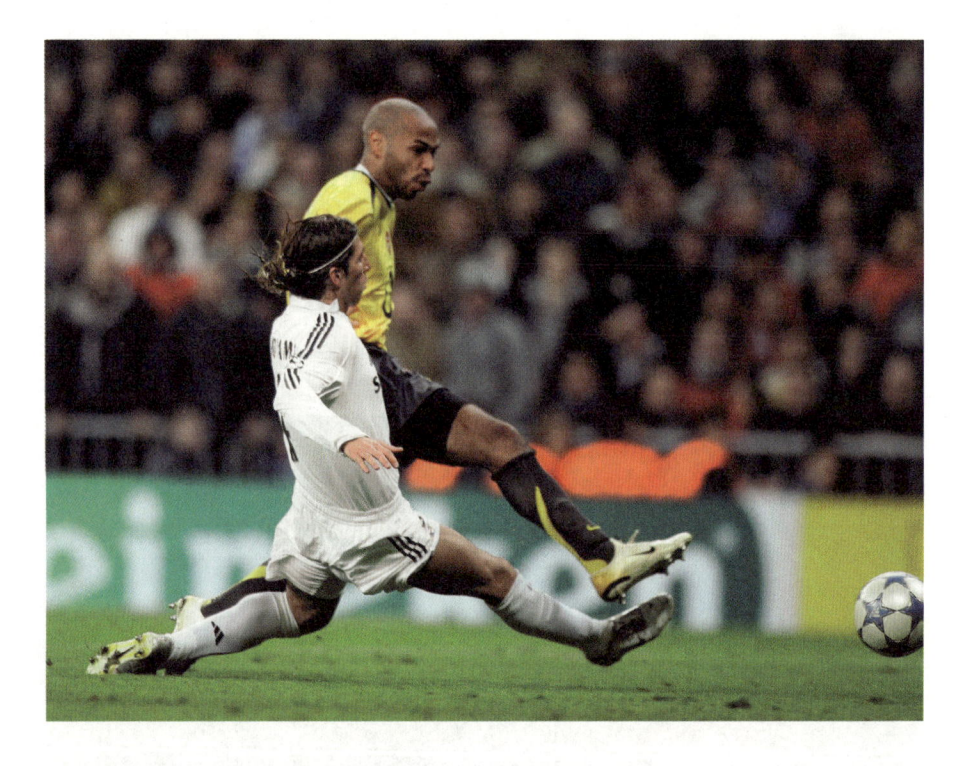

两个月之后的欧冠半决赛次回合，阿森纳队做客情歌球场（2017年，情歌球场改名为陶瓷球场）挑战比利亚雷亚尔队，德国"门神"莱曼扑出了阿根廷中场胡安·罗曼·里克尔梅的点球，最终成功零封对手，帮助"枪手"第一次杀入欧冠决赛。

5月17日，阿森纳队迎来了球队历史上的首场欧冠决赛，对手是巴萨队。

在巴黎的法兰西体育场，阿森纳队在第18分钟就遭到重创：莱曼出击到禁区外，绊倒了喀麦隆前锋萨穆埃尔·埃托奥，结果被直接红牌罚下！温格的球队不得不少一人作战。不过在第37分钟，亨利任意球传中，索尔·坎贝尔头球破门，阿森纳队率先取得领先！

直到第75分钟，场上的比分依然是1比0，阿森纳队距离欧冠奖杯越来越近了。然而最后15分钟，一切都改变了。

05 最大遗憾 无缘欧冠

第76分钟，埃托奥小角度破门扳平比分。第81分钟，儒利亚诺·贝莱蒂的劲射从阿森纳队替补门将曼努埃尔·阿穆尼亚的两腿之间穿过，"枪手"遭到逆转，问鼎欧冠的梦想就此破灭。

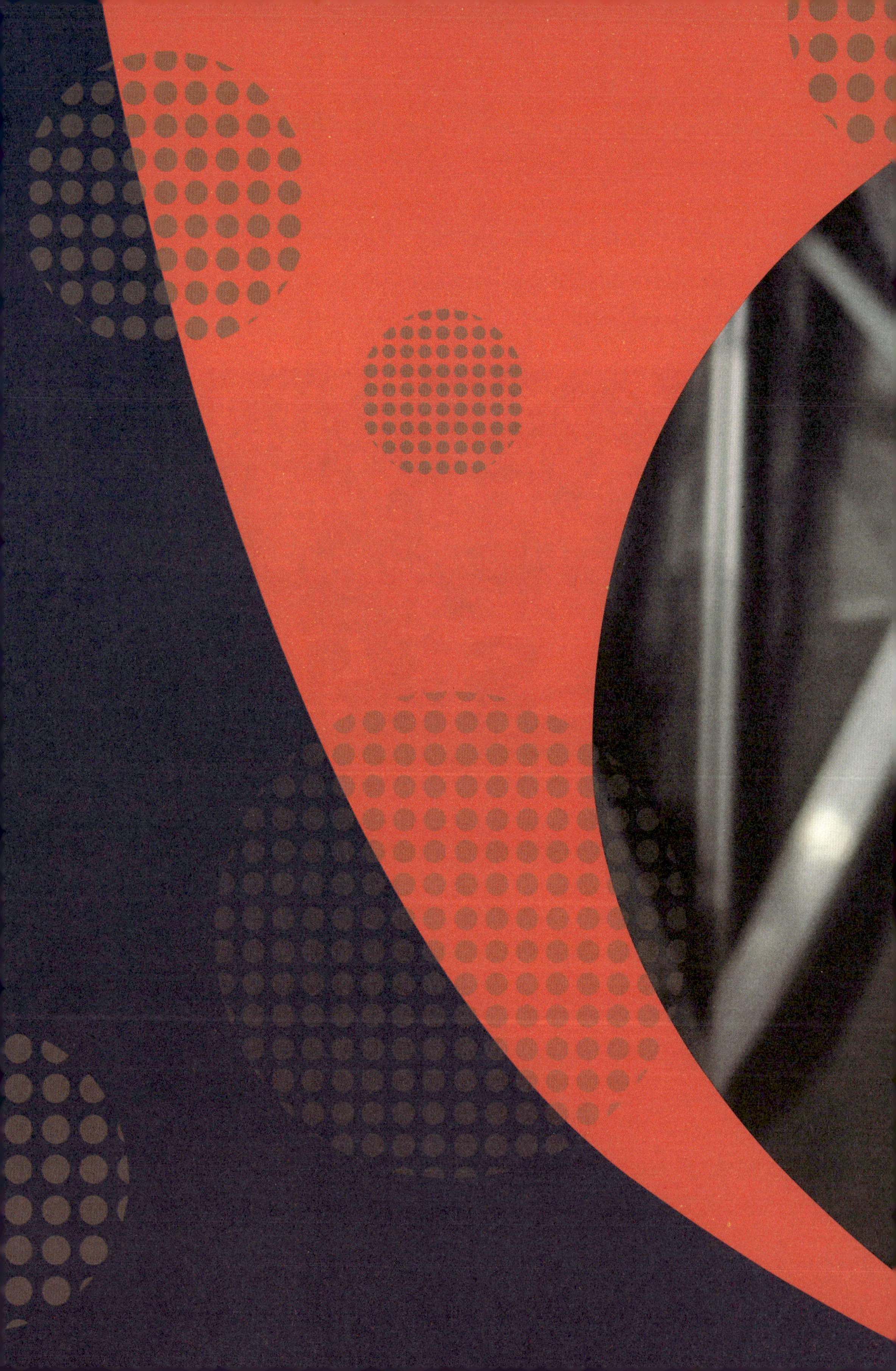

第六章
功过"温教授"

我热爱法国,同时也热爱巴黎,但我为什么拒绝了巴黎圣日耳曼队?因为我深爱阿森纳队。

01

改变阿森纳队 改变英超

英超之所以能成为英超,就是得益于温格所做的一切。

01 改变阿森纳队 改变英超

温格的到来，彻底改变了阿森纳队，甚至给英超也带来了革命性的巨变。

首先，温格改变了英格兰足球传统的训练方法和饮食方式。

来到阿森纳队的第一堂训练课，温格就与格拉汉姆、里奥奇完全不同："教授"通过各种科学的手段，提升球员的速度和力量，每段训练时间不长，但精准、高效、充满新鲜感。

英格兰中场帕洛尔感叹道："温格的训练令我们大开眼界。"温特伯恩也表示："第一周，我就爱上了训练，它短暂、激烈且紧张，但令人很享受。"当然，也有不服气的，托尼·亚当斯一开始质疑训练时间不够长，但很快，他也被温格折服了。

在一次训练结束之后，托尼·亚当斯对博格坎普说道："伙计，我给教练的训练总结了六个特点——强度高、时间短、对抗多、针对性、精细化、新鲜感。"博格坎普点头，并补充道："充满爆发力，十分紧凑，在一些简单的动作中蕴含着丰富的战术内容，比我经历过的任何训练都有趣。"

温格推行严格的禁酒令，让托尼·亚当斯、马丁·基翁等人感到不爽。不过，"教授"还是说服了身为阿森纳队队长的托尼·亚当斯，让他以身作则，把食谱中的炸鸡换成白肉和鱼，把炸鱼薯条换成蔬菜沙拉，而且肉、鱼和蔬菜里不放任何调味料，连番茄酱都不能放！温格还开创了比赛日必须集体用餐的先河。

从那开始，"健康饮食"和"科学训练"成为每支英超球队的标配。毫不夸张地说，这甚至影响到了整个英国社会，有媒体调侃道："温格＞杰米·奥利弗

第六章 功过"温教授"

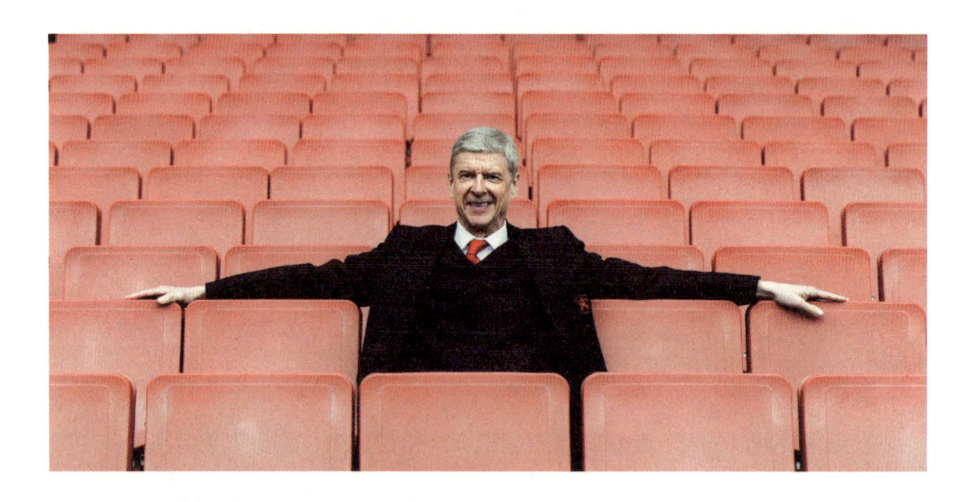

（明星大厨）。"

其次，温格让英超变得全球化。

1996年的英超仅有两名外籍教练，除了温格就是荷兰人路德·古利特。而随着温格带来巨大的成功，越来越多的球队聘请外教，若泽·穆里尼奥、拉斐尔·贝尼特斯、尤尔根·克洛普、何塞普·瓜迪奥拉等人纷至沓来。等到2018年的时候，外籍教练已经增至12人，超过半数！

温格正式执教阿森纳队的首场英超比赛，是客场对阵布莱克本流浪者队，当时他只安排了一名非英国籍球员出场，那个人就是法国后腰维埃拉。但是在接下来的时间里，他让来自世界26个不同国家的球员披上了"枪手"的战袍。

时至今日，英超的20支球队，无论规模大小、实力强弱，都拥有众多来自世界各地的外援，英超也成为全球化力度最大、最具国际影响力、最能赚钱的足球联赛，没有之一。

就像曼城队现任主帅瓜迪奥拉说的那样："英超之所以能成为英超，就是得益于温格所做的一切。"

再次，温格自始至终高举"美丽足球"的旗帜。

01 改变阿森纳队 改变英超

刚来阿森纳队，温格就将来自荷兰的"冰王子"博格坎普作为进攻核心，让他从前锋位置回撤，充分发挥自己技术出色、传球富有创造力的特点，扮演前腰的角色。

同时，他还摒弃了传统的英式高大中锋，坚持短传配合，突出中锋的速度和技术能力，无论是尼古拉斯·阿内尔卡还是亨利，都是兼具这两种优势的球员。即便像卡努这样身材高大的前锋，也是以脚下技术而非头球著称。

中场方面，温格也重视技术元素，维埃拉能攻善守，大步流星地推进是阿森纳队攻守转换的利器。皮雷斯更是拥有秀丽的脚法，踢球风格非常飘逸，身为右脚球员却踢左边前卫，实际上司职边前腰，负责内切去传球组织与插上射门。左路的助攻，则交给了左后卫阿什利·科尔。这样一来，皮雷斯和亨利、阿什利·科尔就组成了当时世界足坛最强的左路攻击线。

在防守端，温格的理念也非常先进：右后卫不像左后卫那样频繁助攻，球队不时呈现出三中卫的阵形，再加上另一名后腰的存在，让阿森纳队始终能够保持攻守平衡。

维埃拉、皮雷斯等人离开之后，温格又以西班牙中场法布雷加斯为核心，捷克人托马斯·罗西基、白俄罗斯人亚历山大·帕夫洛维奇·赫莱布等"10号位"球员也纷纷来投，再加上英格兰本土天才新星杰克·威尔希尔的崛起，"枪手"非常奢侈地坐拥"多核"。

阿森纳队前CEO（首席执行官）伊万·加齐迪斯曾称赞道："温格树立了一个全新的标准，让足球具备了艺术气质。"是的，执教阿森纳队以来，温格从未抛弃对"美丽足球"的追求，甚至因为太过痴迷于"美丽"，而失去了必要的铁血，导致阿森纳队在英超长期无冠。但无论如何，温格的"美丽足球"曾经带给阿森纳队球迷太多的快乐，从海布里球场到酋长球场，这是所有人难以忘怀的共同记忆。

02

慧眼识珠 挖掘人才

温格为阿森纳队做出的另外一个巨大贡献，就是慧眼识珠，为球队挖掘了许多人才。

02 慧眼识珠 挖掘人才

温格为阿森纳队做出的另外一个巨大贡献,就是慧眼识珠,为球队挖掘了许多人才。

其中最著名的,当数1999年从尤文图斯队引进亨利,转会费1100万英镑。亨利在意大利踢球时,只是一个不堪大任的左边锋,但是来到阿森纳队之后,温格将他改造为中锋,同时允许他在左路带球,内切突破。

正是在"教授"的调教之下,亨利成长为"海布里之王""枪王之王",在各项

第六章 功过"温教授"

赛事中为阿森纳队出场377次,打入228球,成为球队的历史射手王,除此之外还有98次助攻;同时,亨利4次获得英超金靴奖,包括2004年到2006年连续三次获得金靴奖。

在温格看来,这也是他执教阿森纳队的最佳签约:"亨利非常聪明,非常有天赋,他始终专注于足球并且充满动力,不论多么成功,他都会为比赛而努力,这表明他对比赛始终充满热情。当你是一名足球运动员时,你的梦想就应该是这样。"

还有维埃拉,这位据传曾经被上海申花队拒绝过的法国球员,温格仅仅花了350万英镑就从AC米兰队签下,并将他打造成一位世界顶级中场,后来维埃拉还当上了阿森纳队的队长。

此外,温格还有很多成功的"淘宝",比如600万英镑引进皮雷斯,275万英镑引进罗宾·范佩西,科洛·图雷的转会费更是只有15万英镑。

02 慧眼识珠 挖掘人才

当然，最富有争议的，还是索尔·坎贝尔的加盟。他是热刺队的主力中卫，却以自由身投奔阿森纳队，被斥为"犹大"。后来，温格回忆道："开始的时候，我和戴恩对此次签约的态度很冷静，我们一直保持低调。在索尔来到球队之后，我们进行的基本礼仪也只是握手而已。之后我为他感到骄傲，因为他即使身体状态欠佳也依然愿意为球队奉献一切。索尔是一个非常勤奋的人，也是一个聪明人，他的到来对我们来说是巨大的帮助。"

既然提到转会，那么不得不提的就是"温差签"。温格曾经有机会签下许多世界级巨星，但最终因为各种原因错过，包括但不限于克里斯蒂亚诺·罗纳尔多（简称"C罗"）、利昂内尔·梅西、兹拉坦·伊布拉希莫维奇、迪迪埃·德罗巴、加雷思·贝尔、路易斯·苏亚雷斯、保罗·博格巴、亚亚·图雷、文森特·孔帕尼、詹路易吉·布冯等人。

C罗的经纪人豪尔赫·门德斯就曾证实："有一段时间我真的认为阿森纳队会是C罗的下家，但弗格森的加入让一切都发生了变化，他向我保证C罗可以获得50%的比赛机会，这足以令人心动。"

如果温格真能拥有以上几位巨星，哪怕是其中的一两个，阿森纳队的成绩将会达到何种高度？球迷难以遏制这种幻想。

03

修建球场的功与过

2004年10月,新球场被正式命名为酋长球场。2005年8月,阿森纳队举行了新球场的落成典礼。

03 修建球场的功与过

在场外，温格给阿森纳队带来的第一个重大变化，是斥资1200万英镑给位于赫特福德郡的训练中心更换了全部设备，但是最大的变化，无疑是修建了一座全新的球场。

阿森纳队确实需要一座更现代化的球场，以及由此带来的更丰厚的经济收入。但是为了修建新的球场，球队不仅花光了积蓄，还背上了超过3.9亿英镑的巨额债务。

债务主要分为两部分：一部分是修建球场本身及其周边设施的2.6亿英镑，包括2.1亿英镑的30年期固定利率贷款（需要每年还款1800万英镑左右），以及5000万英镑的浮动债务（最迟25年内还清）；另一部分，则是用于海布里球场旧址改造的1.35亿英镑，球队已经在2010年还清。

1999年11月，阿森纳队正式宣布新球场的建设计划，离海布里球场不远的阿什伯顿将是新球场的所在地。2002年5月，最终的方案被正式敲定；2004年2月，新球场正式动工建造。不到六个月，壮观的南北桥就竣工了。

2004年10月，新球场被正式命名为酋长球场。2005年8月，阿森纳队举行了新球场的落成典礼。

2006年5月7日，阿森纳队在海布里球场的告别战中以4比2击败维冈竞技队，并将同城死敌热刺队踢出了下赛季的欧冠行列，拥有93年历史的海布里球场完美谢幕。

比赛结束后，温格动情地说道："这是一个非常感人的日子，海布里球场对于

第六章 功过"温教授"

我们来说有着伟大的灵魂,因为这座球场是随着球队的成长而建立起来的。我知道海布里球场的每一条通道,在我看来这里有一种特别的精神,但这种精神很难重现了。虽然一切都非常特别,但是这里已经不再属于阿森纳队。这是一支球队在伦敦成长的象征,总的来说,这就是足球应该做的。驻扎在市中心,陪伴主队成为一支伟大的球队,得到当地人的支持,这就是海布里球场带给伦敦群众的。"

新球场的好处是显而易见的:酋长球场可以容纳6万余人,阿森纳队的比赛日收入也从海布里球场时期的3740万英镑增长到现在的9000万英镑,这还不算其他商业收入。但弊端在于球队身背巨债,让温格只能节衣缩食。

早在2003—2004赛季,阿森纳队的财务就开始受到这个宏大计划的影响,当时球队仅仅引进了德国门将莱曼。但那时,"教授"早年间慧眼识珠引进的球员已经成长起来,足以扛起大梁。

然而随着这些人的老去,温格只能通过"卖队长、挖'小妖'"的方式来艰

03 修建球场的功与过

难度日。于是维埃拉、亨利、法布雷加斯、范佩西等人先后离开球队，而被"教授"寄予厚望的威尔希尔、西奥·沃尔科特等人，则受到伤病的影响，始终未能达到应有的高度。

后来，温格无奈地表示："我们建立了一座新的球场，因此有很大的债务问题，我们在转会市场上没有更多的金钱可用，那是我在阿森纳队最困难的时期。我们必须限制支出来还一大笔钱，甚至不得不放弃最好的球员，同时我们还要保持竞争力，留在欧冠。"

戴恩也回忆道："那是一段非常艰难的时期，我们被资金所困，因为很多钱都被转去用于修建球场了。温格所做的一切，包括让球队每年跻身欧冠正赛，都绝非易事。我相信他在当时的情况下达成了很了不起的成就。"

于是，阿森纳队就从不败夺冠的英超冠军沦为只为欧冠资格而战的"争四狂魔"，球队的上一座英超冠军奖杯，依然是2004年夺得的。很多球迷开始不满，甚至要求温格下课。

对于这些批评，温格有时候也会感到伤心和难过，但即便如此，他也几乎从来没有考虑过逃离阿森纳队。

之所以用"几乎"，是因为温格也曾有过一丝的犹豫。2007年，戴恩离开阿森纳队，温格问他是不是觉得自己也应该离开了。戴恩对温格说道："不，你必须留下。第一，因为你适合阿森纳队，阿森纳队也适合你。第二，作为一名'枪手'球迷，我不希望你离开。"戴恩也承认，温格确实有过很多机会。皇马队几乎每年都尝试劝诱温格加盟。弗洛伦蒂诺·佩雷斯常常找到戴恩并对他说："我能和你的主教练谈谈吗？"他会说："不行，当然不可以，把你的手拿开。"

的确，在那些年里，皇马队、拜仁慕尼黑队、巴黎圣日耳曼队以及英格兰队都曾向温格发出过邀请。温格的前经纪人曾透露："皇马队的主席弗洛伦蒂诺做梦都想聘请温格执教，但温格已经将培养年轻球员的观念深深植入自己的脑海中，

127

第六章 功过"温教授"

他是世界上唯一会拒绝皇马队邀请的教练。"

温格自己也说过:"我热爱法国,同时也热爱巴黎,但我为什么拒绝了巴黎圣日耳曼队?因为我深爱阿森纳队。我认识巴黎圣日耳曼队的老板,但我认为阿森纳队才是我深爱的球队,我愿意对阿森纳队保持忠诚。这就是原因。"

04

再见，温格

22年，足够一个孩子长大成人，足够一个清澈少年开始秃顶发福，也足够见证一个足球王朝的兴衰更替。

第六章 功过"温教授"

2018年5月6日，阿森纳队坐镇酋长球场对阵伯恩利队。球场内是红色的海洋，球迷穿着印有"Merci Arsène"（谢谢，阿尔赛纳）字样的红色T恤；场外小贩叫卖着印有"ARSÈNE"字样的《温格特刊》。阿森纳队的工作人员穿着印有"Merci Arsène"字样的白色上衣，只是背后还多了一个数字：22。

22年，足够一个孩子长大成人，足够一个清澈少年开始秃顶发福，也足够见证一个足球王朝的兴衰更替。就在半个月前，温格在俱乐部官网上宣布，2017—2018赛季结束后，他将离开自己执教了22年的阿森纳队。

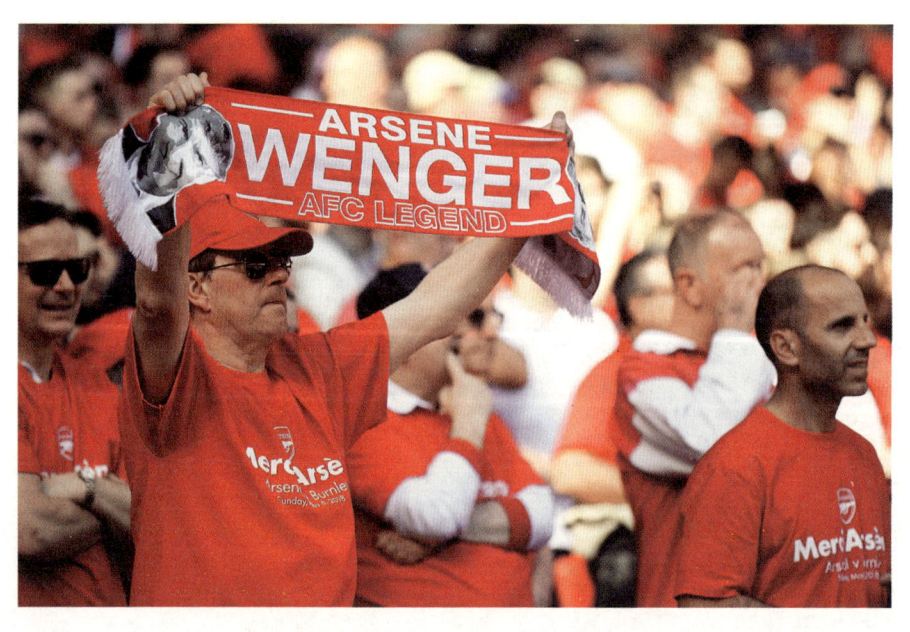

04 再见，温格

与伯恩利队的这场比赛，是阿森纳队在这个赛季的最后一场主场比赛，也是温格在阿森纳队的主场谢幕战。所以，门票价格被炒得很高，最贵的达到1800英镑，而阿森纳队官网也因为抢票而一度陷入瘫痪。场馆内的人很多，其中还有远道而来的中国球迷。温格曾经的球员、对手，还有曾经爱过他、骂过他的球迷，在酋长球场的每个角落，向他告别。

双方球员夹道欢迎温格，阿森纳队的球员也足够争气，以5比0的大胜送别"教授"。

温格走到球场中央，拿起话筒，说道："在我开始讲话之前，我想要祝福我的好朋友弗格森爵士，希望他能尽快康复！谢谢大家陪我度过这么长的时间，我知道这并不容易。但重要的是，我现在跟你们一样，单纯是个阿森纳队的球迷。

131

第六章 功过"温教授"

"支持阿森纳队是一种生活方式,这事关'美丽足球','美丽足球'能带动我们身体中流动的所有细胞。对于阿森纳队,我们或关心、或忧虑、或绝望,但当你来到这里,梦想便会照进现实。

"我还要感谢那些让这支球队变得特殊的人,我请求大家继续支持现在的这些球员,还有球场外的工作人员。对我来说,阿森纳队是特别的,下赛季请继续支持这支球队,这支球队值得。我将用一句简单的话结束我的演讲——我会想念你们的,谢谢你们成为我生命中最重要的一部分,非常感谢!再见!"

赛后的新闻发布会结束后,英国《每日镜报》的著名记者约翰·克劳斯代表英足总向温格送上了一瓶2004年的红酒,并说道:"虽然我们也经常批评你,但

04 再见，温格

在你告别之时，我们想对你表示感谢，因为你是一个伟大的教练，也是一个伟大的人。"

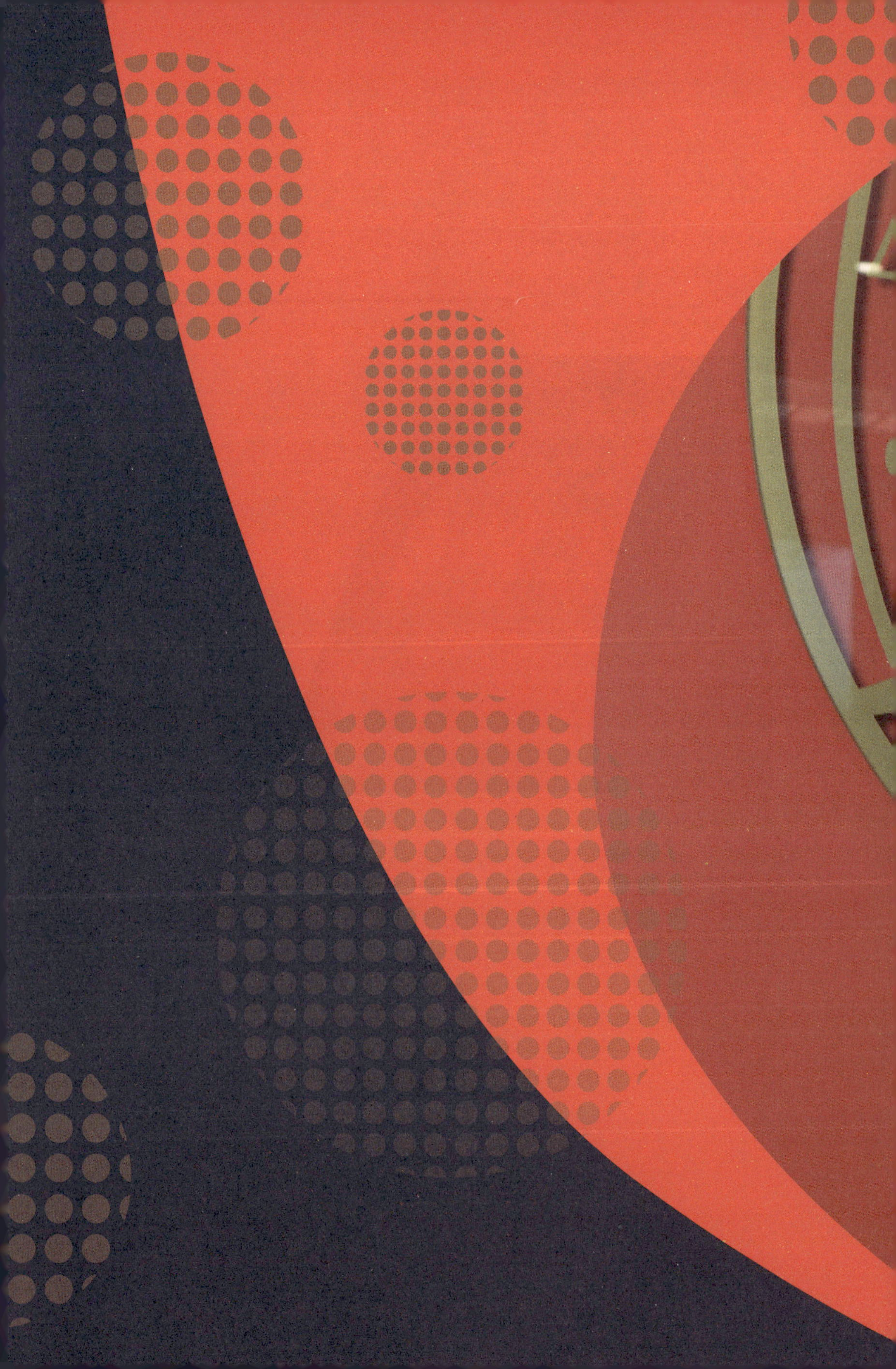

第七章
"后温格时代"

对于阿森纳队来说，阿尔特塔是"自己人"、是名宿、是"DNA"，球队当然希望他能成为下一个温格、下一个瓜迪奥拉。

01

温格接班人：埃梅里

谁来接班温格？这是阿森纳队高层面临的最大难题。

01 温格接班人：埃梅里

谁来接班温格？这是阿森纳队高层面临的最大难题。因为曼联队的殷鉴不远：弗格森退休之后，曼联队一直没有找到自己的"真命天子"，弗格森的第一位接班人大卫·莫耶斯更是惨痛收场，不到一个赛季就被解雇。

温格既然已经彻底离开，肯定就不会像弗格森那样参与选帅了。选择新帅的主要负责人是阿森纳队首席执行官伊万·加齐迪斯、关系主管劳尔·桑列伊和引援主管斯文·米斯林塔特。

加齐迪斯于2009年被任命为首席执行官，成为戴恩的接班人，他表示："由于种种原因，我们不会寻找温格的替代者。温格是一位伟大的主帅，一个伟人。"

桑列伊在2018年从巴萨队来到阿森纳队，主要负责完成交易，而米斯林塔特曾是多特蒙德队的"金牌球探"，主要负责引援。加齐迪斯会听取他们的意见，当然最终拍板的人还是老板斯坦·克伦克。

在接受采访时，桑列伊道出了这份工作有多难："简直会让人脑中风！我们最初列出了50个名字，然后对所有可能的人选进行分析，再一点点地缩小目标范围。虽然世界上有很多出色的教练，但他们所擅长的领域不太相同。战术风格是我们最为看重的部分之一。我们希望找到的人选可以踢我们想要的足球。"

这50个名字里，就有西班牙人乌奈·埃梅里。此前埃梅里最成功的执教经历，是带领塞维利亚队夺得欧联三连冠，后来他前往巴黎圣日耳曼队，虽然率队夺得过联赛冠军，但还是被管理层解雇。

第七章 "后温格时代"

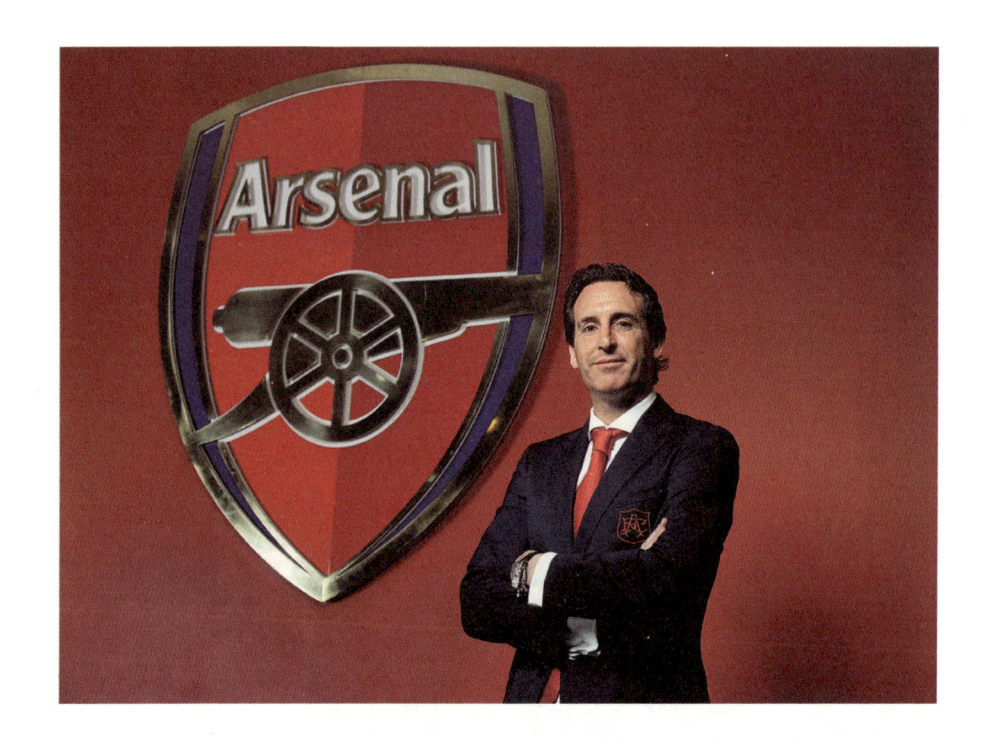

听闻阿森纳队选帅的消息，埃梅里做了极其充分的准备，他带着大量分析材料来到伦敦，在面试中对"枪手"的每一个球员都进行了细致的剖析，瞬间让选帅小组折服。当然，埃梅里还有一个优势，那就是不要求权力，桑列伊表示："他不是一名经理，而是一名主教练。他的主要职责就是率领球队、分析我们的优缺点并尽量提升球员的能力。"

就这样，2018年5月23日，埃梅里成了温格的第一位接班人。

02

"四大皆空"又一年

最终，阿森纳队1比4告负，无缘欧联冠军，赛季"四大皆空"，埃梅里也未能夺得来到酋长球场之后的首座冠军奖杯。

第七章 "后温格时代"

上任之初，埃梅里还不能熟练地使用英语，经常在新闻发布会上把"Good evening"（晚上好）说成"Good ebening"，这引起英国记者和球迷的嘲笑，后来连阿森纳队的球员都开始拿他的口音开玩笑。

不过，埃梅里还是得到了阿森纳队高层的鼎力支持。一向"勤俭持家"的"枪手"在转会市场上进行了不小的投入，签下了德国门将贝恩德·莱诺、乌拉圭后腰卢卡斯·托雷拉、希腊中后卫索克拉蒂斯·帕帕斯塔索普洛斯、法国中场马泰奥·贡多齐，还免费引进了瑞士右后卫斯特凡·利希施泰纳。圣迪亚戈·卡索拉、威尔希尔则离开了球队，让球迷怀念与叹息，佩尔·默特萨克正式退役。

然而，埃梅里开局就遭"暴击"！2018—2019赛季前两轮，阿森纳队接连对阵曼城队和切尔西队两大豪门球队，没有比这更"魔鬼"的赛程了，结果就是"枪手"惨遭两连败。

但是很快，埃梅里就适应了英超的节奏，率领球队打出7连胜和14轮不败，其中包括5比1大胜富勒姆队和4比2击败热刺队，在那场北伦敦德比中，皮埃尔-埃梅里克·奥巴梅扬梅开二度，亚历山大·拉卡泽特和托雷拉各入一球，让酋长球场的球迷大呼过瘾。

而在欧联和联赛杯的赛场上，阿森纳队同样是连战连捷，一度取得各项赛事11连胜、22场不败。如此表现真是相当惊艳，"枪手"似乎以最快速度找到了温格的合格接班人。

可是，事情在2018年12月16日发生转折。阿森纳队两次落后两次追平，却

02 "四大皆空"又一年

在最后时刻被对手绝杀,以2比3不敌南安普顿队,"不败金身"被终结。仅仅三天之后,"枪手"又在联赛杯1/4决赛中0比2不敌热刺队,止步八强,同时也让同城死敌"复仇"成功。

到了12月29日,阿森纳队再遭重创,竟然在安菲尔德球场以1比5的比分惨败于利物浦队脚下!这还不算完,2019年1月25日,埃梅里的球队又被曼联队1比3击败,未能闯入足总杯第五轮。

形势急转直下,原本希望争冠的"枪手"再次变成"争四",而且再次在最后时刻掉了链子:4月下旬的一周三赛里,阿森纳队2比3负于水晶宫队,1比3败给狼队,0比3被莱斯特城队击溃。此时,"枪手"遭遇英超三连败,排名积分榜第五,落后第四名切尔西队2分。

倒数第二轮,阿森纳队又被布莱顿队1比1逼平,彻底失去"争四"的主动权,所以哪怕最后一轮战胜伯恩利队,阿森纳队还是比切尔西队少了2分、比热刺队少了1分,排在第五,无缘下赛季欧冠!更重要的是,这已经是"枪手"连续第

第七章 "后温格时代"

三个赛季排在热刺队后面了。

所幸,埃梅里的球队在欧联发挥得还不错,淘汰赛接连逆转鲍里索夫队和雷恩队,然后又"双杀"那不勒斯队和瓦伦西亚队,和切尔西队会师决赛!

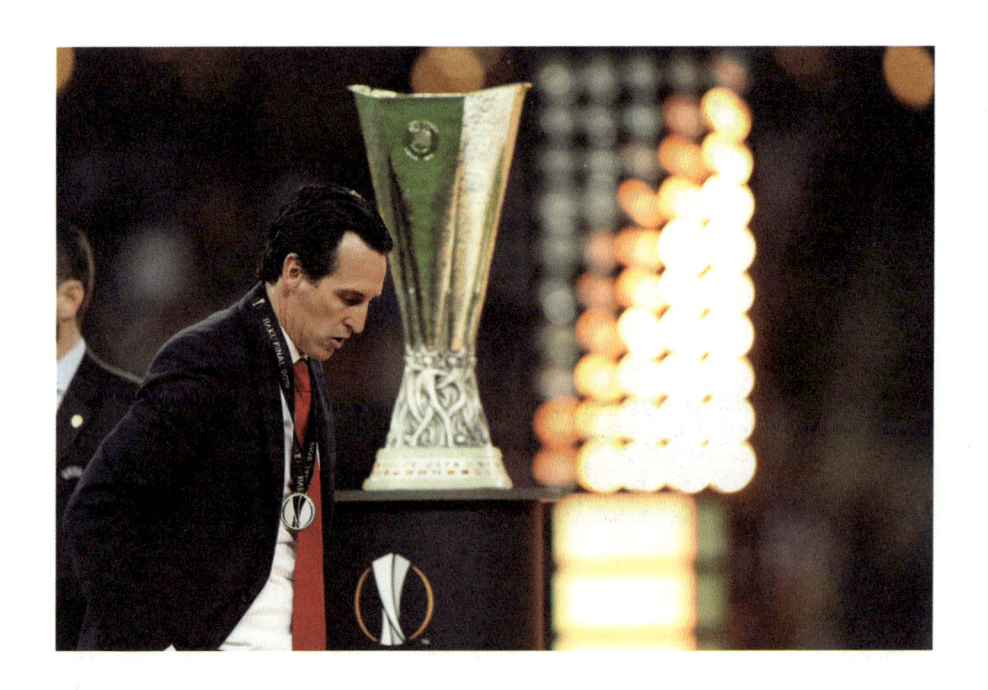

然而,这场决赛成了阿森纳队旧将奥利维耶·吉鲁的舞台。这位法国中锋先是头球破门打破场上僵局,接着制造点球由埃登·阿扎尔扩大比分至3比0。在亚历克斯·伊沃比为"枪手"扳回一球之后,吉鲁又助攻阿扎尔梅开二度。

最终,阿森纳队1比4告负,无缘欧联冠军,赛季"四大皆空",埃梅里也未能夺得来到酋长球场之后的首座冠军奖杯。

03

埃梅里下课

形势都发展到这一步了,阿森纳队的管理层也不想再等了。

第七章 "后温格时代"

在埃梅里的带领下,阿森纳队虽然还是"四大皆空",但毕竟有过很长一段时间的惊艳,所以他还有机会证明自己。而球队也为他签下了巴西边锋加布里埃尔·马丁内利、法国中卫威廉·萨利巴、科特迪瓦边锋尼古拉斯·佩佩、苏格兰左后卫基兰·蒂尔尼、巴西中卫大卫·路易斯等人,其中尼古拉斯·佩佩的转会费高达7200万英镑,创造了球队的历史纪录!

同样是在2019年夏天,彼得·切赫正式退役,阿隆·拉姆塞和劳伦特·科斯切尔尼也离开了,阿森纳队更深切地和一个时代告别了。

和上赛季相反,阿森纳队在2019—2020赛季开局就取得英超两连胜,但随即就被利物浦队3比1击败,吞下赛季首败,接着又与热刺队、沃特福德队和曼联队战平,爆冷输给谢菲尔德联队。

03 埃梅里下课

联赛杯第四轮,"枪手"经过点球大战再次不敌利物浦队,与一项冠军提前作别。

到了2019年11月下旬,阿森纳队依然没有起色,英超2比2被南安普顿队逼平、欧联1比2败给法兰克福队之后,"枪手"在各项赛事中已经7场不胜,联赛前13轮只拿到18分,仅列积分榜第八。

形势都发展到这一步了,阿森纳队的管理层也不想再等了。一年之前,CEO加齐迪斯离开了球队,斯坦·克伦克并未第一时间再设CEO,而是让桑列伊升任为足球主管,与总经理维奈·文卡特山并肩作战。最终,11月29日,桑列伊向埃梅里下达了下课通知。

埃梅里下课有很多原因,成绩糟糕是一方面,对球员的管理不力则是另一方面。格拉尼特·扎卡与自家球迷对骂一事让埃梅里左右为难,他一度声称扎卡会继续担任队长,但在几天之后,球队高层便罢免了扎卡的队长一职;他对贡多齐

第七章 "后温格时代"

的任人唯亲也饱受诟病。

此外，埃梅里的英语水平依然没有提高，球员很难理解他的要求，小将布卡约·萨卡有时候甚至需要和担任助理教练的永贝里沟通一下，才能明白主帅的意思。再加上埃梅里的战术打法太过保守，阿森纳队的比赛场面沉闷，惹得"枪迷"（阿森纳队球迷）纷纷抗议，打出"埃梅里下课"的标语。

埃梅里下课之后，助理教练永贝里临时上任，阿森纳队则再次展开选帅工作，新的选帅小组除了桑列伊和文卡特山，还有加斯帕和赫斯·法赫米，法赫米是法律专家，也是球队的首席谈判官。

加斯帕在2005年离开阿森纳队后，加盟瓦伦西亚队，2010年退役之后在巴西的科林蒂安队担任足球总监，后来又去巴西足协担任巴西队的协调员，2019年重返"枪手"，任技术总监。2022年11月，他还成为阿森纳队历史上第一位体育总监。

由于是赛季中期，阿森纳队的选择其实并不多，而管理层最终选择相信"DNA"，聘请前队长米克尔·阿尔特塔担任新帅。

04

阿尔特塔归来

温格和瓜迪奥拉都是阿尔特塔的恩师,他也深受两大顶级名帅的影响。

第七章 "后温格时代"

阿尔特塔出生于1982年3月26日，球员时代司职中场，他出身于巴萨队的青训营，但从未代表一线队出场。后来，他又效力过巴黎圣日耳曼队、格拉斯哥流浪者队、皇家社会队和埃弗顿队，2011年夏天加盟阿森纳队。

他一共为"枪手"效力过5个赛季，在各项赛事中出场150次，打入16球、送出8次助攻，夺得两个足总杯冠军和两个社区盾杯冠军，2014年开始担任球队的队长。而从那时开始，温格就将很多权力下放到他手中。

04 阿尔特塔归来

比如：阿尔特塔可以提出自己的战术观点，并且他的观点会被教练团队认真考虑；在更衣室里中场休息时，为大家进行战术指导和动员演讲的人往往是阿尔特塔，而不是温格本人。阿尔特塔非常冷静，很少情绪化，从不会暴怒，当时的阿森纳队球员都称呼其为"教练"，这足以体现他在队内的角色。

2016年夏天，阿尔特塔宣布退役，随后加入曼城队主帅瓜迪奥拉的教练组，成为助理教练。两人在巴萨队的拉玛西亚青训营时就已经相识，瓜迪奥拉执教巴萨队和拜仁慕尼黑队时，每逢在欧冠遇到英超球队，都会向阿尔特塔咨询建议。

在曼城队的三个半赛季里，阿尔特塔协助瓜迪奥拉斩获两个英超冠军、一个足总杯冠军、两个联赛杯冠军和两个社区盾杯冠军，实现了英格兰赛事的大满贯。而他也经常和瓜迪奥拉交谈到深夜，讨论新阵形或新战术，西班牙队前门将佩佩·雷纳认为，阿尔特塔的这段经历就像"前往哈佛深造"。

第七章 "后温格时代"

其实早在2016年退役时，阿尔特塔就被邀请担任阿森纳队青训主管一职，但当时他选择去找瓜迪奥拉。在2018年温格刚刚卸任时，阿尔特塔也接受过面试，只是当时的阿森纳队高层认为他经验不足，所以放弃他选择了埃梅里。

这次得到老东家的正式邀请，阿尔特塔反而心里有些忐忑，因为从来没有独立执教过，于是他向瓜迪奥拉请教。瓜迪奥拉说道："你准备好了，如果你没有，我会踢你的屁股！"阿尔特塔最终选择了执教阿森纳队。

2019年12月20日，阿森纳队官方宣布阿尔特塔成为球队主教练，双方签订了一份为期三年半的合同，同时"枪手"还要向曼城队赔偿数百万英镑的违约金。

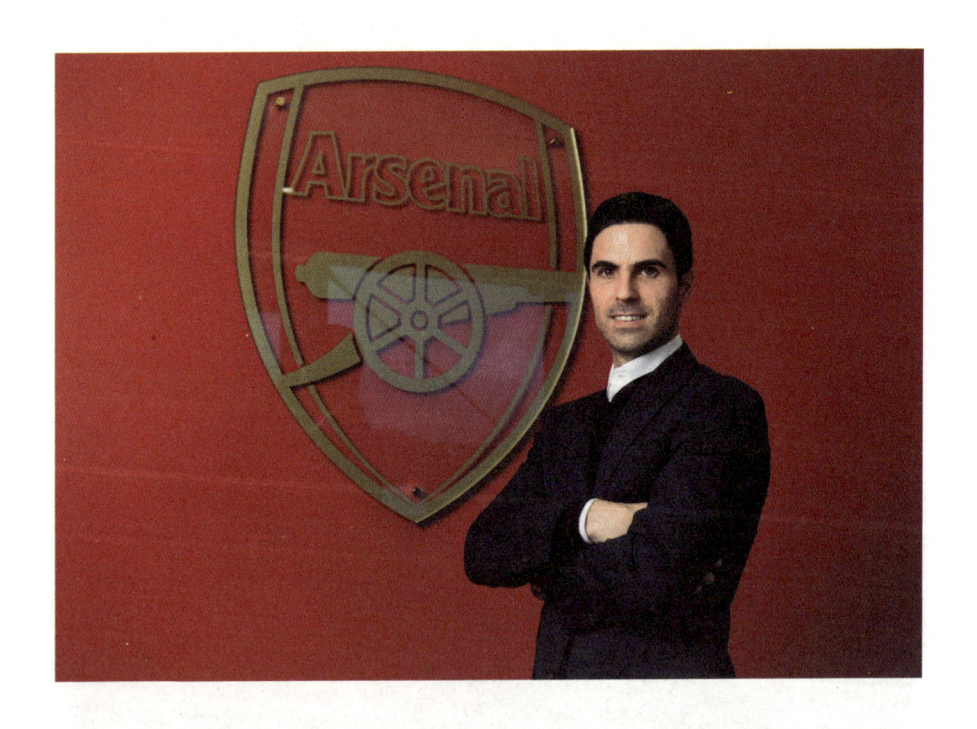

在上任之后的首场新闻发布会上，阿尔特塔表示："我回家了。对我来说这一直是个梦，我曾期待有一天能够在准备好的时候回到这里，如果我没准备好，我就不会坐在这个帅位上。我完全理解球迷对我第一次担任主教练的担忧。有个人

04 阿尔特塔归来

相信我，那就是温格。没有他给我机会在阿森纳队效力，我就不会有机会坐在这里。我不希望躲避，任何坐在这里的人都需要对这份工作负责，否则就不符合这里的文化和环境。"

温格和瓜迪奥拉都是阿尔特塔的恩师，他也深受两大顶级名帅的影响。即使与瓜迪奥拉成为对手，阿尔特塔依然表达感谢之情："他从一开始就对我非常关照，我真的很喜欢他，他是一个我愿意为之献出生命的人。在我看来，他是世界上最好的教练，他是我在足球界遇到的最好的人之一，当然也是我更喜欢一起工作的人，和他一起工作很有趣，这种感觉将永远存在。"

对于阿森纳队来说，阿尔特塔是"自己人"、是名宿、是"DNA"，球队当然希望他能成为下一个温格、下一个瓜迪奥拉。

不过想要带领"枪手"重新崛起，谈何容易？阿尔特塔深知自己肩膀上的担子有多么重。著名的阿森纳队播客节目主持人费萨尔·汗就表示："他享受球迷的每一次欢呼，他明白执教这支球队意味着什么。我相信在未来几年内，阿森纳队将会继续保持竞争力，也希望他能够继续执教。"

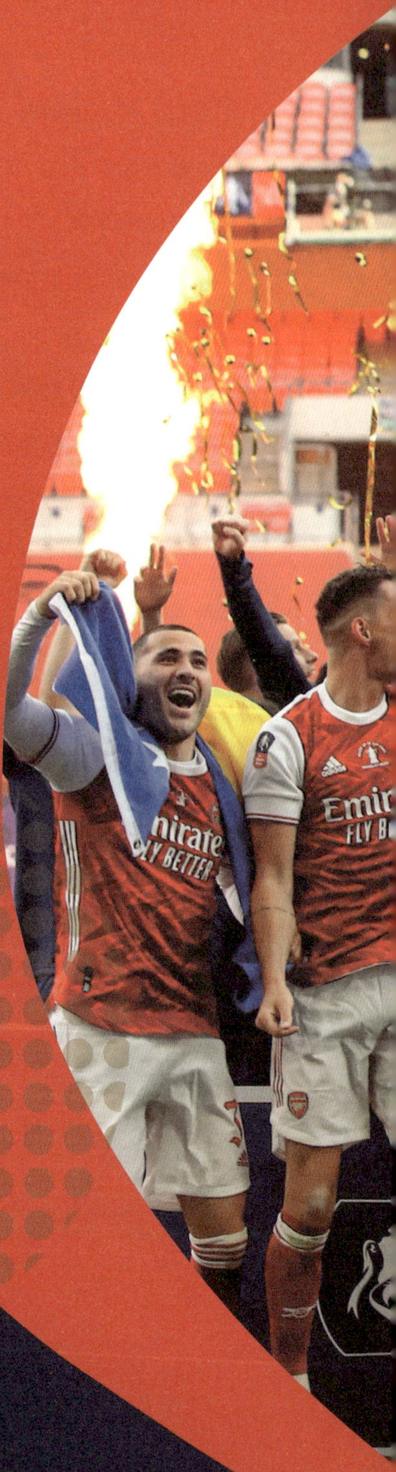

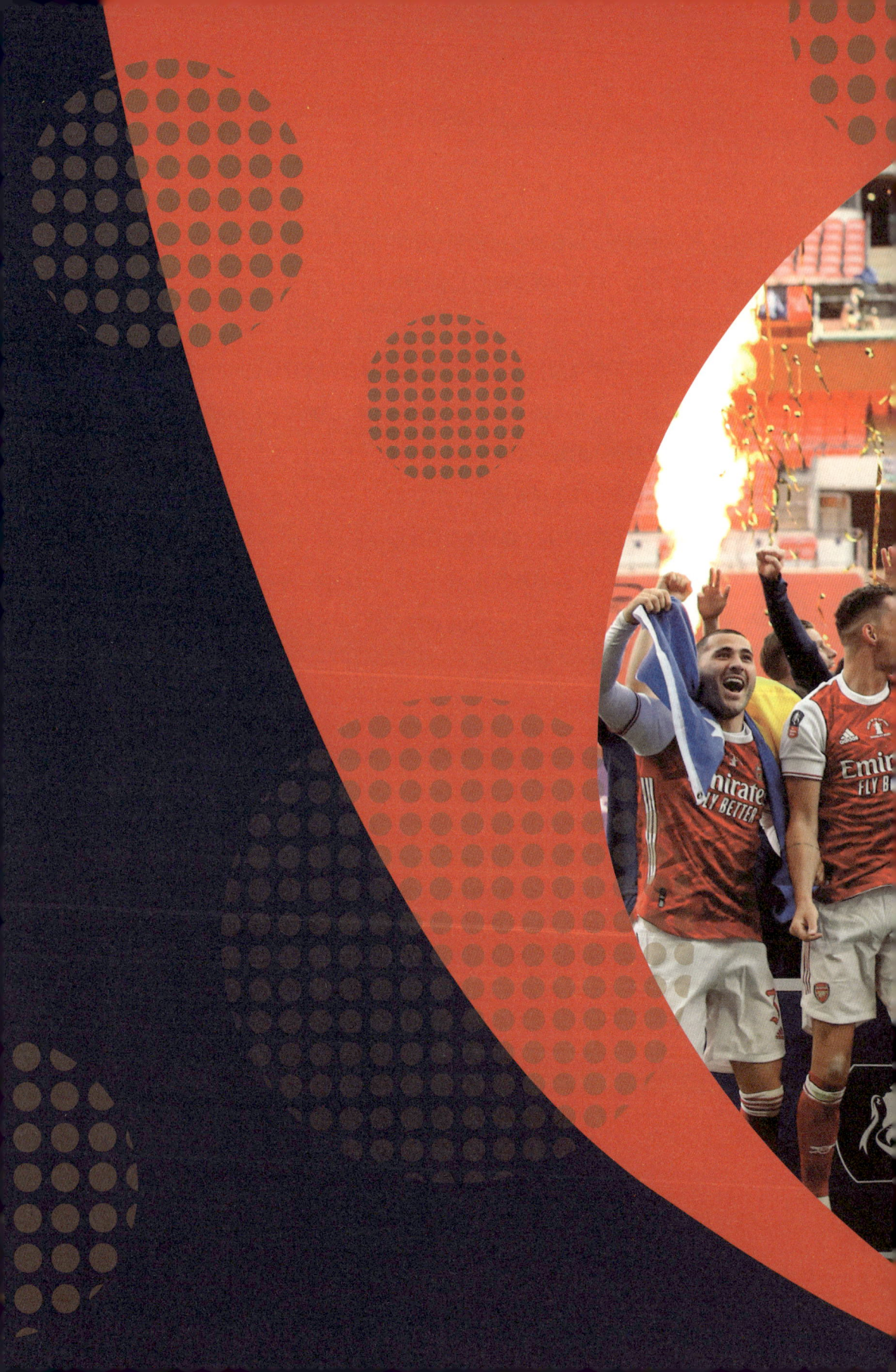

第八章
何日辉煌再现？

诚然，阿尔特塔让阿森纳队的拥趸看到了复兴的希望，但是曾经的辉煌究竟何时才能重现？这在所有人的心中依然是一个巨大的问号。

01

足总杯夺冠

执教阿森纳队仅仅半年时间,阿尔特塔就为球队带来了首座冠军奖杯,当然也是他执教生涯的首冠,这无疑是一个极好的开端与兆头。

01 足总杯夺冠

刚接手阿森纳队时，阿尔特塔继承了"温格时代"留下的11名球员，其中9人也在埃梅里手下效力过。而在接下来的2020年冬季转会窗口，他也只是租借了西班牙中后卫巴勃罗·马里、葡萄牙边后卫塞德里克·苏亚雷斯，球队的表面实力并没有太大变化。

执教阿森纳队的首秀，阿尔特塔未能取得开门红，球队在客场被伯恩茅斯队1比1逼平。而他的主场执教首秀，阿森纳队又以1比2的比分不敌切尔西队。至此，他已带队遭遇两场不胜！

不过第三场比赛面对曼联队，阿尔特塔终于赢了！凭借尼古拉斯·佩佩和帕帕斯塔索普洛斯的进球，阿森纳队2比0击败对手，阿尔特塔获得首胜的同时总算是缓解了身上的压力。

从那之后，阿森纳队走上了正轨，在各项赛事中10场不败，其中包括2比2战平切尔西队，4比0大胜纽卡斯尔联队，直到2020年2月27日，球队的"不败金身"才被打破：欧联1/16决赛次回合，"枪手"惨遭奥林匹亚科斯队加时绝杀，未能晋级16强！

随后，新冠肺炎疫情来袭，足球赛事不得不停摆，6月份才重燃战火。阿森纳队的第一场比赛是面对曼城队，阿尔特塔执教以来第一次面对瓜迪奥拉，结果就被师父上了一课，在伊蒂哈德球场0比3惨败。不过曼城队球迷还是记得阿尔特塔的功劳，比赛开始前向他鼓掌致敬。

接着，阿森纳队又被布莱顿队1比2击败，被莱斯特城队1比1逼平，1比2不敌

第八章 何日辉煌再现？

热刺队、0比1负于阿斯顿维拉队，最终仅排名英超第八，不仅与下赛季的欧冠告别，还有可能无缘欧联，而最后的机会就掌握在"枪手"自己手中。

虽然球队在英超的状态起伏不定，但阿尔特塔向恩师温格致敬，带队在足总杯的赛场上高歌猛进：1比0利兹联队，2比1伯恩茅斯队，2比0朴次茅斯队，2比1谢菲尔德联队。虽然赢得都不多，但阿森纳队终归还是进入半决赛，与曼城队再次相逢。

此前，阿森纳队对阵曼城队已经吞下七连败，简直不堪回首，不过这一次，阿尔特塔终于扬眉吐气。

第19分钟，"枪手"打出极其流畅的配合，球先后经过10名球员的连续18次传递，最后由尼古拉斯·佩佩左脚传至后点，奥巴梅扬门前铲射破门，1比0！第71分钟，蒂尔尼左路斜长传，奥巴梅扬推射梅开二度，将比分锁定为2比0！

01 足总杯夺冠

最终,阿尔特塔首次战胜瓜迪奥拉,阿森纳队第21次进入足总杯决赛,对手则是切尔西队。

阿森纳队上一次捧起足总杯的冠军奖杯,就是2017年温格率队击败了切尔西队。但是2019年的欧联决赛,埃梅里却带队输给了同一个对手。如今轮到阿尔特塔了,他能否经受得住考验,比自己的前任做得更好呢?

答案是肯定的!

虽然开场仅5分钟,阿森纳队旧将吉鲁就送出脚后跟妙传,助攻克里斯蒂安·普利希奇闪击得手。但第28分钟,奥巴梅扬禁区内被塞萨尔·阿斯皮利奎塔放倒获得点球,他亲自主罚扳平比分。

第67分钟,阿森纳队发动快速反击,埃克托·贝莱林后场带球过半场,在禁区前被放倒,尼古拉斯·佩佩得球后右路内切横传,奥巴梅扬禁区左侧得球,过

157

第八章 何日辉煌再现？

掉对手的防守球员，左脚挑射破门，将比分反超。

第73分钟，马特奥·科瓦契奇动作过大铲翻扎卡，两黄变一红被罚下。阿森纳队占据比分和人数上的优势，最终将2比1的比分保持到比赛结束，逆转击败切尔西队，球队历史上第14次夺得足总杯冠军！

执教阿森纳队仅仅半年时间，阿尔特塔就为球队带来了首座冠军奖杯，当然也是他执教生涯的首冠，这无疑是一个极好的开端与兆头。而在夺冠之后，"枪手"也获得了下赛季的欧联资格。

02

无缘欧战 25年首次

是的，不是无缘欧冠，而是彻底无缘欧战，连欧联也没得踢。要知道，"枪手"上一次未能参加欧洲赛事，还要追溯到1995—1996赛季，25年前！

第八章 何日辉煌再现？

2020年夏季转会窗口，让球迷看到希望的阿尔特塔也得到了球队的支持，经验丰富的巴西边锋威廉从切尔西队加盟，同一年加盟的还有加纳后腰托马斯·帕蒂。

2020—2021赛季的首场比赛，阿森纳队在社区盾杯对阵上赛季英超冠军利物浦队。比赛第12分钟，奥巴梅扬接到萨卡的传球破门得分！不过第73分钟，日本球员南野拓实为利物浦队扳平比分。此后双方再无建树，只能进行点球大战。

前两轮罚球，两队球员全部命中。随后利物浦队小将里安·布鲁斯特在第三轮失手，而奥巴梅扬则在最后一轮一锤定音，最终阿森纳队险胜，球队历史上第

02 无缘欧战 25年首次

16次捧起社区盾杯（含慈善盾杯）的冠军奖牌，阿尔特塔短时间内就带队连夺两冠。

仅仅一个月后，两支球队又在英超里相遇，结果阿森纳队在安菲尔德球场1比3告负。更巧合的是，三天之后，双方竟然又在联赛杯第四轮碰面了，而且又一次战至点球大战。"枪手"后腰穆罕默德·埃尔内尼虽然罚丢点球，但德国门将莱诺做出两次精彩扑救，阿尔特塔的球队又一次笑到最后。

不过接下来，阿森纳队就在英超遭遇巨大困难。以0比1不敌曼城队为开端，"枪手"先后输给莱斯特城队、阿斯顿维拉队、狼队、热刺队、伯恩利队和埃弗顿队，被利兹联队和南安普顿队逼平，10轮比赛竟然只有1场胜利，仅列积分榜第15位，创造了球队38年来的联赛最差开局！

随着阿森纳队在联赛杯被曼城队淘汰、止步八强，阿尔特塔第一次听到了媒体关于他下课的呼声。所幸，切尔西队又一次"帮"了他，一场3比1的胜利，总算让阿森纳队终结了不胜的耻辱，而且紧跟着的就是六轮不败，形势似乎发生了逆转。

可惜的是，进入2021年2月之后，"枪手"发挥不稳定的老毛病又犯了，防守端屡屡出现问题，不仅输给曼城队，还输给了狼队和阿斯顿维拉队，赢不了伯恩利队、西汉姆联队和富勒姆队，主场0比3惨败于利物浦队脚下，对球队的士气更是沉重打击。

2021年4月23日，因为莱诺的"黄油手"，阿森纳队0比1不敌埃弗顿队，又输一场。至此，阿尔特塔在这个赛季的英超中已经输掉了13场比赛，输球场次与温格执教的最后一个赛季相同。九天之后，阿森纳队虽然击败纽卡斯尔联队，但还是由于积分落后太多，再加上在足总杯中早早被淘汰，提前宣告无缘下赛季欧战。

是的，不是无缘欧冠，而是彻底无缘欧战，连欧联也没得踢。要知道，"枪手"上一次未能参加欧洲赛事，还要追溯到1995—1996赛季，25年前！

161

第八章 何日辉煌再现？

而在欧联赛场，阿森纳队小组赛6战全胜，淘汰赛也是先后击败本菲卡队、奥林匹亚科斯队和布拉格斯拉维亚队，跻身四强。

半决赛，"枪手"遇到了比利亚雷亚尔队，对手的主帅正是埃梅里！结果，面对旧主的埃梅里"复仇"成功，淘汰阿森纳队并杀入决赛，最终又击败了曼联队，成功夺冠。

足总杯和社区盾杯夺冠的喜悦似乎就在昨天，阿森纳队球迷却又坠入到冰冷残酷的现实当中——重大赛事赛季无冠。

作为队长，奥巴梅扬在此前两个赛季的各项赛事中为阿森纳队打入60球，是上个赛季足总杯夺冠的主要功臣之一，不过在这个赛季，与球队续约三年的他表现明显下滑，29场英超比赛只有10球入账。但是另一位前锋拉卡泽特发挥颇为出色，31场英超比赛贡献13球，在各项赛事中共打入17球，成为队内最佳射手。

此外，饱受诟病的尼古拉斯·佩佩竟然也收获16球，让人感到意外。崭露头角的小将萨卡则打入7球，成为阿森纳队未来的希望。

03

争四，
距欧冠只差一步

足总杯第三轮出局，联赛杯止步半决赛，阿森纳队再次"四大皆空"，又未获欧冠资格，看上去似乎是一个无比失败的赛季。

第八章 何日辉煌再现？

连续两个赛季获得英超第八，换成其他球队，主教练早就下课了。不过在2020年桑列伊离开阿森纳队之后，阿尔特塔获得了更大的话语权，也得到了加斯帕的支持，两人通力合作，他的帅位无忧。

2021年夏天，阿森纳队在转会市场上的动作更大，引援更多：后防线上，有英格兰门将阿龙·拉姆斯代尔和后防多面手本·怀特，以及日本国脚富安健洋；中场方面，从皇马队签下了挪威天才马丁·厄德高，比利时后腰阿尔贝·桑比·洛孔加也加入了"枪手"。

本·怀特和富安健洋本来踢的都是中后卫，但被阿尔特塔创造性地安排到边后卫的位置上，甚至两个边路都能打，这一举动反而让他们迎来了职业生涯的新突破。而厄德高则成为阿森纳队新的中场核心，用他出色的大局观和传球能力，组织球队的进攻。

看起来，阿森纳队的整体实力增强了不少，然而令人没想到的是，2021—2022赛季英超开局，"枪手"就遭遇"当头三棒"：0比2布伦特福德队、0比2切尔西队、0比5曼城队，三连败，0进球、狂丢9球！开赛两周，阿森纳队竟然跌入了降级区。

在这种情况下，阿森纳队管理层依然给予阿尔特塔足够的信任，而阿尔特塔也用天翻地覆的表现予以报答。

进入9月，"枪手"以两场1比0击败诺维奇队和伯恩利队，接着又在酋长球场3比1完胜北伦敦死敌热刺队，用三连胜逃出降级区，阿尔特塔也因此当选英超

03 争四，距欧冠只差一步

官方的月度最佳主教练。

随后，阿森纳队在经历两连平之后又迎来了三连胜，八轮不败过后，排名已经升至积分榜前列！然而11月20日做客安菲尔德球场，"枪手"0比4惨败于利物浦队；12月2日，阿尔特塔的球队又在老特拉福德球场被曼联队3比2击败；仅仅四天后，阿森纳队又1比2输给埃弗顿队。客场三连败，球队被打回原形。

2022年第一天，阿森纳队坐镇酋长球场迎战曼城队，萨卡一度帮助球队取得领先，奈何加布里埃尔·马加良斯累积两张黄牌被罚下，曼城队最终2比1逆转取胜，阿尔特塔还是不敌瓜迪奥拉。虽然输球，但阿森纳队以整体面貌与战斗精神得到了球迷的认可。

从那之后，阿森纳队似乎变回了人们熟悉的那个"争四狂魔"，在长达三个月的时间里，除了不敌利物浦队，再也没有在联赛里品尝到失利的滋味，绝杀狼队更是让人看得血脉偾张。

然而到了竞争欧冠资格的关键时刻，蒂尔尼在训练中膝盖受伤，无法参加赛

第八章 何日辉煌再现？

季接下来的比赛，阿森纳队的命运也从此发生改变。4月份，阿尔特塔的球队接连输给水晶宫队、布莱顿队和南安普顿队，惨遭三连败，随后连胜切尔西队和曼联队，暴露出"劫富济贫"的本色。

倒数第三轮，阿森纳队只要在北伦敦德比中取胜，就能锁定欧冠资格，结果客场0比3被热刺队击败！倒数第二轮，"枪手"又被纽卡斯尔联队2比0击败，以2分之差排名第五，彻底陷入被动。

最后一轮，尽管阿森纳队5比1战胜埃弗顿队，但是第四名的热刺队也赢了，这样一来，阿森纳队最终获得英超第五，非常遗憾地未能拿到下赛季的欧冠入场券。

足总杯第三轮出局，联赛杯止步半决赛，阿森纳队再次"四大皆空"，又未获欧冠资格，看上去似乎是一个无比失败的赛季。不过．这支球队平均年龄

03 争四，距欧冠只差一步

只有24.6岁，在英超20支球队里面最小，充满潜力。尤其是萨卡和埃米尔·史密斯·罗，在这个赛季的英超中，前者打入11球，后者打入10球，他们是继1998—1999赛季的阿内尔卡之后，头两位单赛季英超进球达到两位数的21岁以下球员。

04

英超亚军，重回争冠行列

这一次，"枪手"球迷看到了更光明的未来。

04 英超亚军，重回争冠行列

当2022年夏天到来时，曼城队已经完成了英超两连冠，利物浦队则是其主要竞争对手，曼联队、切尔西队都在蠢蠢欲动。阿森纳队？似乎没有人视其为争冠球队，更别提什么"热门"了。

不过，阿森纳队依然在有条不紊地进行"换血"。半年前，奥巴梅扬就离开了，现在则轮到拉卡泽特，两大前锋都告别了"枪手"。阿尔特塔从曼城队一下子引进了两名球员：巴西前锋加布里埃尔·热苏斯和乌克兰边后卫奥列克桑德·津琴科。

第八章 何日辉煌再现？

津琴科在曼城队接受瓜迪奥拉的调教，从中场变成左后卫，又以左后卫的身份踢起了边后腰，阿尔特塔引进他，也将这套战术体系引了进来，以增加后场的出球能力。而有了津琴科的内收保护，原本踢后腰的扎卡便可以更大胆地前插参与进攻，甚至冲到对方禁区里射门。

热苏斯在曼城队经常被用来踢边锋，但来到阿森纳队之后，阿尔特塔把他固定在中锋的位置上，利用他出色的脚下技术和背身持球能力，与边锋马丁内利进行配合，效果显著，马丁内利迎来了爆发的一个赛季，在英超中打入15球！

"枪手"的另一名边锋萨卡，更是在英超中打入14球、送出11次助攻，成为英格兰足坛最耀眼的新星。而本赛季成为新任队长的厄德高也以身作则，将能力充分发挥出来，送出7次助攻，还打入15球，和马丁内利并列队内最佳射手。

当然，值得一提的还有法国中后卫萨利巴的回归。2019年夏天，"枪手"斥资2700万英镑将其签下，但直到三年后，他才代表阿森纳一队披挂上阵。不过，回归后的萨利巴很快成为球队后防线上的绝对主力，甚至是英超最优秀的中后卫之一。

等到2023年1月的冬季转会窗口，阿森纳队又补进了比利时"飞翼"莱安德罗·特罗萨德和意大利中场若日尼奥。特罗萨德边锋和中锋都能踢，仅仅半个赛季就送出10次助攻，成为"枪手"腾飞的有力助推器。

阿森纳队"多点开花"，进攻火力爆棚，2022年下半年在英超比赛中场场都有进球入账，成绩同样斐然：16轮取得14胜，只输了1场！利物浦队、切尔西队和热刺队都败在"枪手"脚下。

进入2023年之后，阿森纳队先是完成了对北伦敦死敌的"双杀"，接着依靠埃迪·恩凯蒂亚的绝杀球3比2逆转曼联队！在赢下这两场强强对话之后，阿尔特塔的球队领跑积分榜，领先曼城队5分。

然而就在形势一片大好的情况下，阿森纳队突然掉了链子，先是在古迪逊公

04 英超亚军，重回争冠行列

园球场0比1爆冷输给埃弗顿队，然后又在主场被布伦特福德队1比1逼平。2月15日，"枪手"本赛季第一次对阵曼城队，结果在酋长球场1比3告负，也就此丢掉了积分榜榜首的位置。

不甘心的阿森纳队奋起直追，取得了七连胜，和曼城队展开激烈的争冠大战。但是到了4月份，"枪手"再次崩盘，遭遇三连平，于是在双方再次碰面之前，阿森纳队在多赛两场的情况下，只领先曼城队5分。

这场伊蒂哈德球场之战，阿森纳队输得毫无悬念，上半场就已经0比2落后，下半场开局不到10分钟又丢一球，虽然罗布·霍尔丁在第86分钟为阿森纳队扳回一球，但已无力回天，最终埃尔林·哈兰德在伤停补时阶段打进一球，锁定了4比1的比分。

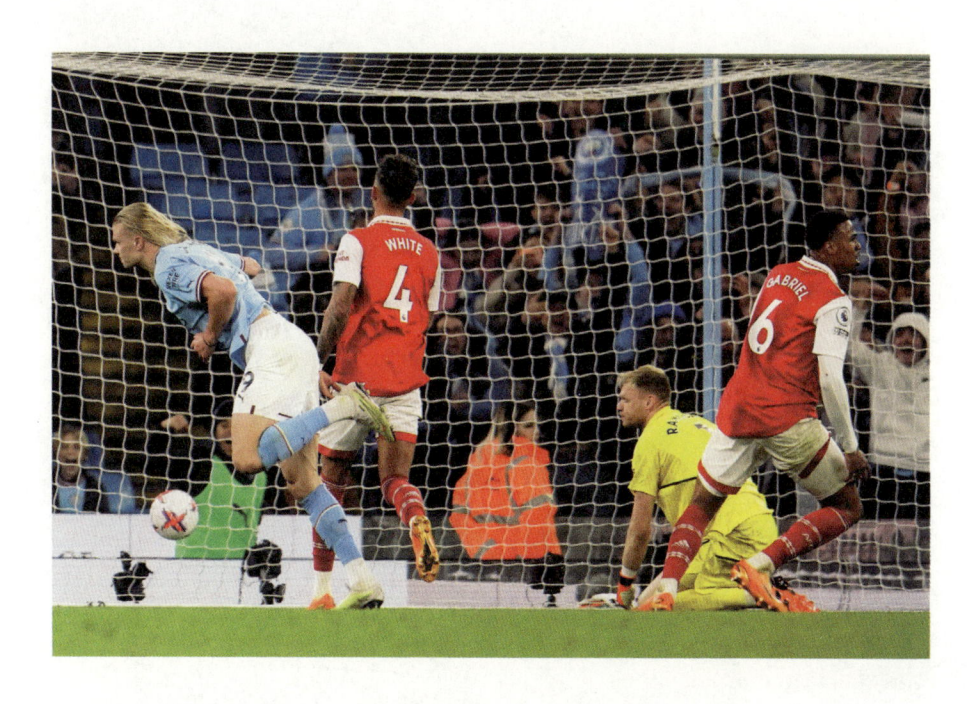

遭到曼城队"双杀"，也就意味着阿森纳队在多赛两场的情况下仅领先对手2

第八章 何日辉煌再现？

分，夺冠希望渺茫。

随后，阿森纳队接连战胜了切尔西队和纽卡斯尔联队，但也连败给了布莱顿队和诺丁汉森林队，而输给诺丁汉森林队的这场比赛，也直接将曼城队提前三轮送上了冠军宝座。

不过，阿森纳队38轮取得26胜6平6负的成绩，还是以84分获得英超亚军，领先第三名曼联队9分，不仅重返欧冠，还创造了自2015—2016赛季之后的联赛最高排名！

这个赛季，阿森纳队把主要精力都放在英超争冠上，其他战线表现不佳，足总杯和联赛杯都早早出局，欧联则止步16强，所以依然落得一个"四大皆空"的结局。但是这一次，"枪手"球迷看到了更光明的未来。

05

惜乎两连亚
辉煌何日来？

至此，"枪手"已经整整20年无缘英超冠军了。

第八章 何日辉煌再现？

阿尔特塔用英超亚军证明，阿森纳队高层对他的信任是正确的，但是球队毕竟距离冠军还差一步，必须继续缩小与三连冠的曼城队之间的差距。

于是在转会市场上，阿森纳队又进行了几次重要引援。德国前锋凯·哈弗茨从切尔西队加盟，转会费6500万英镑。英格兰后腰德克兰·赖斯从西汉姆联队而来，顶替了离队的扎卡，他的转会费高达1.05亿英镑，创造了球队的历史转会费纪录！荷兰后卫尤里恩·廷贝尔则从阿贾克斯队驰援，转会费3850万英镑。

如此大手笔，让球迷看到了阿森纳队冲击英超冠军的决心，那么冲击冠军的实力呢？"枪手"在2023年社区盾杯上证明了：面对曼城队，阿尔特塔的前场压迫打法非常有效，甚至一度逼得对手无法从后场出球。虽然科尔·帕尔默在第77分钟打破场上僵局，但"枪手"并未放弃，特罗萨德在伤停补时第11分钟打入绝平球！

最终，两队来到点球大战，阿森纳队球员自信满满，前四轮全部罚中，反倒是曼城队两轮射失，凯文·德布劳内和罗德里竟然都罚丢了，阿尔特塔战胜瓜迪奥拉，夺得了赛季首冠！

趁着这股气势，阿森纳队在英超前九轮取得6胜3平的不败战绩，并在欧冠小组赛前3场拿到6分。而哈弗茨位置的不断调整与适应，也成为业界与坊间热议的话题。

然而在2023年10月，此前已多次因伤缺席的热苏斯又受伤了，好在恩凯蒂亚挺身而出，在"枪手"5比0大胜谢菲尔德联队的比赛中上演帽子戏法。厄德高

05 惜乎两连亚 辉煌何日来？

也因伤缺席了近一个月才复出，不过他很快就找回状态，在进球和助攻方面表现俱佳。

进入12月的圣诞新年"魔鬼赛程"之后，阿森纳队遇到了大麻烦。尤其是2023年的最后两场比赛，"枪手"踢出了赛季最糟糕的两战——0比2不敌西汉姆联队、1比2负于富勒姆队。而阿尔特塔让特罗萨德踢8号位、让雅库布·基维奥尔客串左后卫的战术改变也遭到批评。

经过冬歇期的调整，阿森纳队重新走上正轨，2024年第一场比赛就5比0横扫水晶宫队，赖斯收获了加盟以来的首个定位球助攻——他在本赛季联赛中共有8次助攻，其中5次是定位球助攻。

这还只是开始，"枪手"火力全开，不仅取得英超八连胜，而且经常打出大比分的胜利：6比0西汉姆联队、5比0伯恩利队、4比1纽卡斯尔联队、6比0谢菲尔德联队。结果与场面兼具，阿森纳队成为英格兰顶级足球联赛历史上第一支

175

第八章 何日辉煌再现？

连续三场客场比赛都能至少打入5球的球队，而且连续八场英超比赛都至少打入2球。

在这期间，阿尔特塔的一个重大变化就是让哈弗茨踢中锋，结果哈弗茨整个赛季的14球里有9球是在2024年打入的，7次助攻里有6次是在2024年送出的。特罗萨德则在左边锋的位置上踢得风生水起，不仅结束两个多月的进球荒，还连续三场破门，赛季英超12球里有9球是在2024年攻进的。

3月31日，阿森纳队做客伊蒂哈德球场挑战曼城队，两队最终互交白卷，阿森纳队落后榜首的利物浦队2分，曼城队则落后3分，本赛季英超三强争霸的局面正式形成。而此时，英超还剩下最后九轮，"枪手"需要做的就是全胜。

然而，埃梅里再次成为老东家的绊脚石！4月14日，阿森纳队在主场0比2爆冷负于埃梅里率领的阿斯顿维拉队，不仅没有抓住利物浦队输球的机会，还让曼

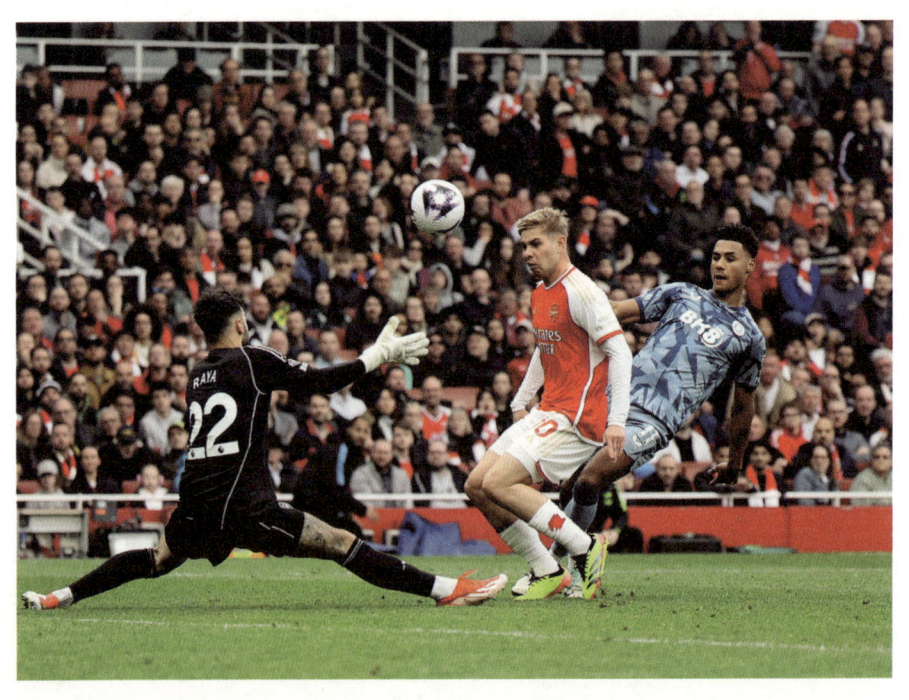

05 惜乎两连亚 辉煌何日来？

城队登了顶，自己则落后榜首2分，而这2分，就是最为致命的。

最后六轮比赛，阿森纳队开足马力，势不可挡：2比0狼队，5比0狂胜切尔西队，3比2力克热刺队，3比0轻取伯恩茅斯队，1比0小胜曼联队，2比1击败埃弗顿队，保持全胜！

可遗憾的是，曼城队也全胜了。所以，阿森纳队38轮取得28胜5平5负的成绩，积89分，就是比曼城队少了那2分，最终蝉联英超亚军！至此，"枪手"已经整整20年无缘英超冠军了。

此外，阿森纳队在英格兰两大杯赛中再次早早出局，欧冠虽然小组赛出线，但是在1/4决赛中被老对手拜仁慕尼黑队淘汰，距离球队历史上的首座欧冠奖杯，依然非常遥远。

诚然，阿尔特塔让阿森纳队的拥趸看到了复兴的希望，但是曾经的辉煌究竟何时才能重现？这在所有人的心中依然是一个巨大的问号。

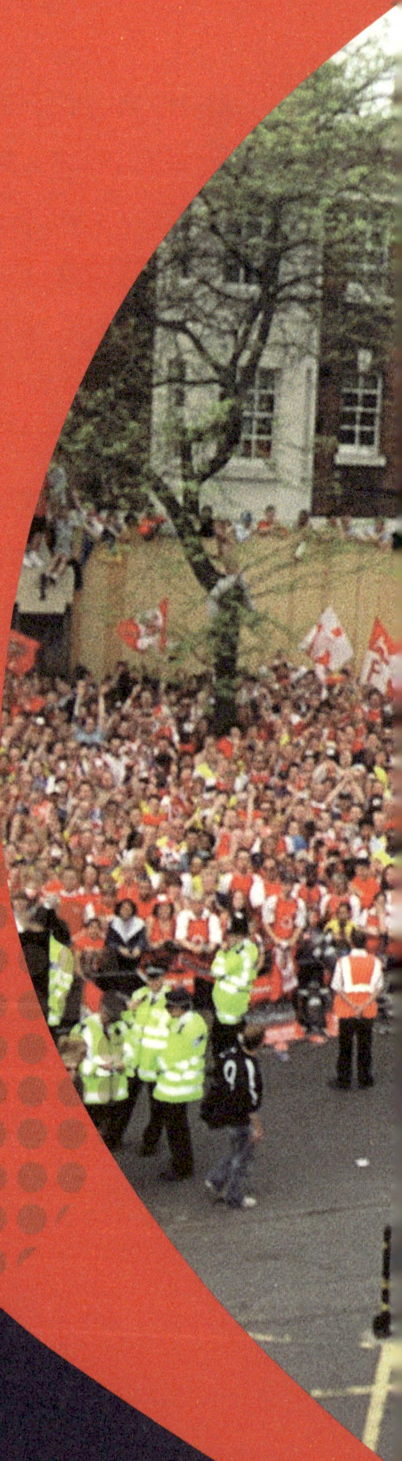

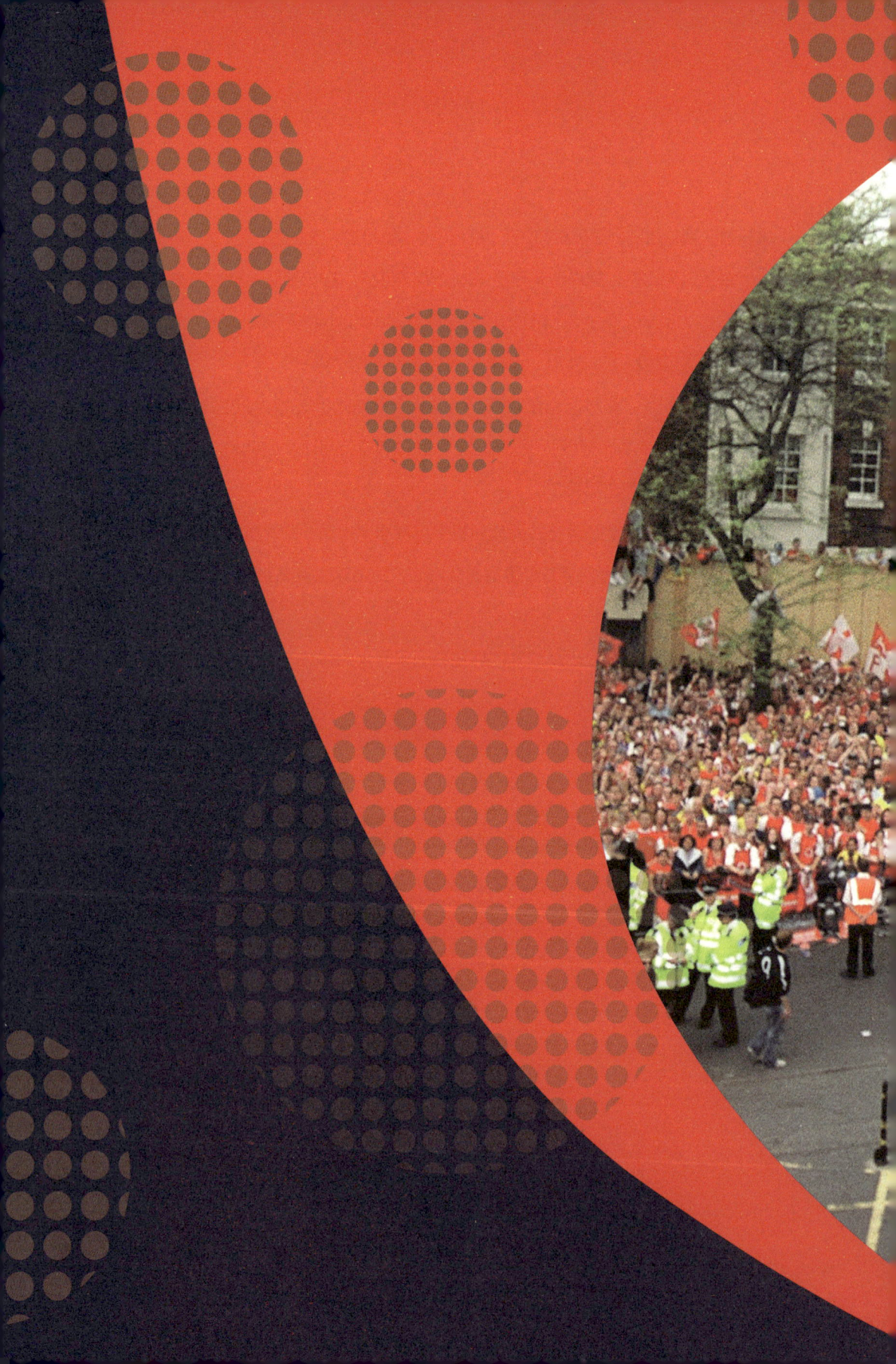

荣耀殿堂

对于任何一支球队来说,在浩瀚的历史长河中,都会有很多荣耀诞生。传奇球星、经典比赛、辉煌时刻……这些荣耀,是球迷津津乐道的话题,也是难以忘怀的回忆。

50大球星

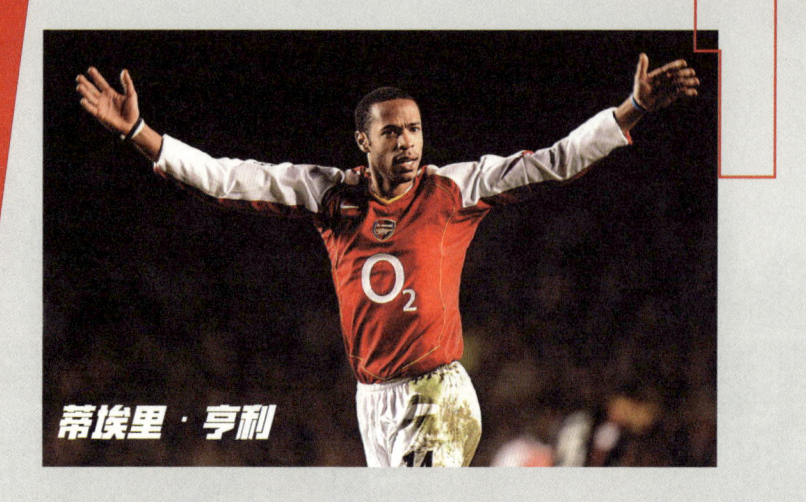

1. 蒂埃里·亨利

出生日期：1977年8月17日

效力年份：1999—2007、2012

主要球衣号码：14号、12号

数据：377场228球

球队荣誉：2次英超冠军、3次足总杯冠军、2次社区盾杯冠军

个人荣誉：2次欧洲金靴奖、4次英超金靴奖、2次英超赛季最佳球员、1次英超助攻王

2. 丹尼斯·博格坎普

出生日期：1969年5月10日

效力年份：1995—2006

主要球衣号码：10号

数据：423场120球

球队荣誉：3次英超冠军、4次足总杯冠军、3次社区盾杯（慈善盾杯）冠军

个人荣誉：1次英超助攻王

180

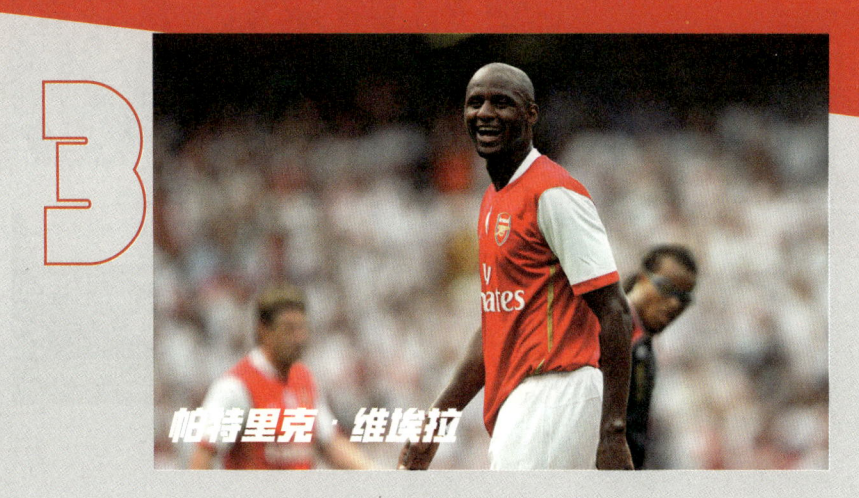

帕特里克·维埃拉

出生日期：1976年6月23日

效力年份：1996—2005

主要球衣号码：4号

数据：406场33球

球队荣誉：3次英超冠军、4次足总杯冠军、3次社区盾杯（慈善盾杯）冠军

个人荣誉：1次英超赛季最佳球员

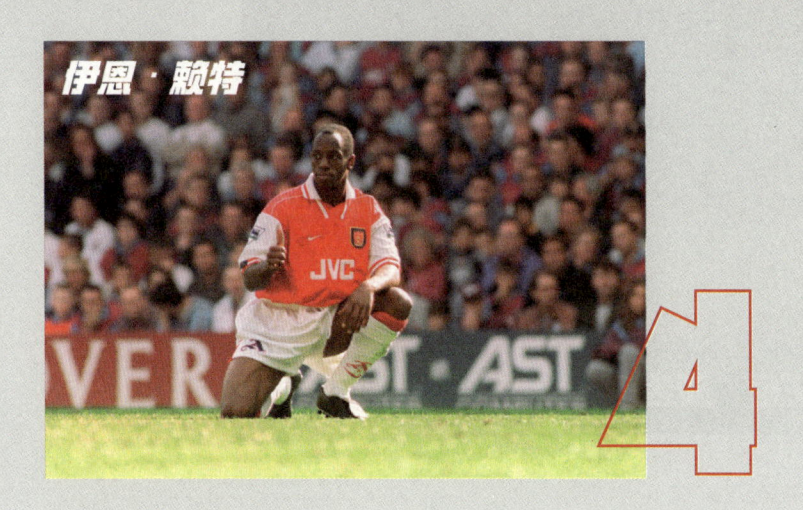

伊恩·赖特

出生日期：1963年11月3日

效力年份：1991—1998

主要球衣号码：8号、11号

数据：283场185球

球队荣誉：1次英超冠军、2次足总杯冠军、1次联赛杯冠军、1次欧洲优胜者杯冠军

个人荣誉：1次英甲金靴奖、1次欧洲优胜者杯最佳射手

50大球星

5 罗贝尔·皮雷斯

出生日期：1973年10月29日

效力年份：2000—2006

主要球衣号码：7号

数据：284场84球

球队荣誉：2次英超冠军、3次足总杯冠军

个人荣誉：1次英超助攻王

6 托尼·亚当斯

出生日期：1966年10月10日

效力年份：1983—2002

主要球衣号码：5号、6号

数据：669场48球

球队荣誉：4次英超（英甲）冠军、3次足总杯冠军、2次联赛杯冠军、2次慈善盾杯冠军、1次欧洲优胜者杯冠军

大卫·希曼

出生日期：1963年9月19日

效力年份：1990—2003

主要球衣号码：1号

数据：564场

球队荣誉：3次英超（英甲）冠军、4次足总杯冠军、1次联赛杯冠军、3次社区盾杯（慈善盾杯）冠军、1次欧洲优胜者杯冠军

利亚姆·布拉迪

出生日期：1956年2月13日

效力年份：1973—1980

主要球衣号码：11号、7号

数据：307场59球

球队荣誉：1次足总杯冠军

50大球星

9 恩万科·卡努

出生日期：1976年8月1日

效力年份：1999—2004

主要球衣号码：25号

数据：198场44球

球队荣誉：2次英超冠军、2次足总杯冠军、1次慈善盾杯冠军

个人荣誉：1次非洲足球先生

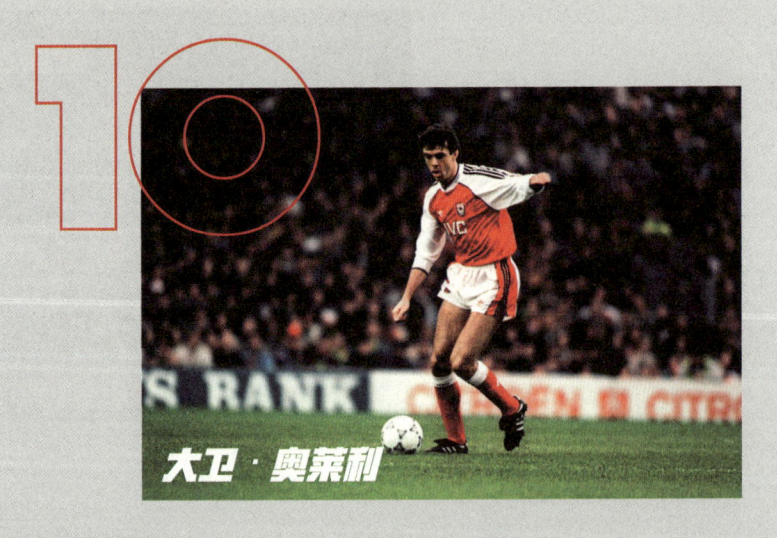

10 大卫·奥莱利

出生日期：1958年5月2日

效力年份：1975—1993

主要球衣号码：6号、5号、12号

数据：722场14球

球队荣誉：2次英甲冠军、2次足总杯冠军、2次联赛杯冠军、1次慈善盾杯冠军

11 索尔·坎贝尔

出生日期：1974年9月18日

效力年份：2001—2006、2010

主要球衣号码：23号、31号

数据：211场12球

球队荣誉：2次英超冠军、3次足总杯冠军、1次社区盾杯冠军

12 克利夫·巴斯汀

出生日期：1912年3月14日

效力年份：1929—1947

主要球衣号码：无

数据：396场178球

球队荣誉：5次英甲冠军、2次足总杯冠军、3次慈善盾杯冠军

50大球星

马丁·基翁

13

出生日期：1966年7月24日

效力年份：1984—1986、1993—2004

主要球衣号码：6号、4号、14号、5号

数据：449场8球

球队荣誉：3次英超冠军、3次足总杯冠军、3次社区盾杯（慈善盾杯）冠军、1次欧洲优胜者杯冠军

阿什利·科尔

14

出生日期：1980年12月20日

效力年份：1999—2006

主要球衣号码：31号、34号、29号、3号

数据：228场9球

球队荣誉：2次英超冠军、3次足总杯冠军、2次社区盾杯冠军

劳伦特·科斯切尔尼

15

出生日期：1985年9月10日

效力年份：2010—2019

主要球衣号码：6号

数据：353场27球

球队荣誉：3次足总杯冠军、2次社区盾杯冠军

西尔万·维尔托德

16

出生日期：1974年5月10日

效力年份：2000—2004

主要球衣号码：11号

数据：175场49球

球队荣誉：2次英超冠军、2次足总杯冠军、1次社区盾杯冠军

50大球星

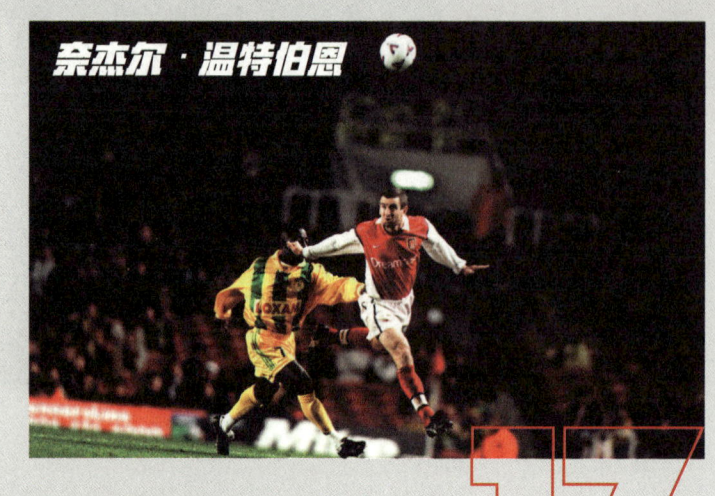

奈杰尔·温特伯恩

17

出生日期：1963年12月11日

效力年份：1987—2000

主要球衣号码：3号、2号、4号

数据：584场12球

球队荣誉：3次英超（英甲）冠军、2次足总杯冠军、1次联赛杯冠军、3次慈善盾杯冠军、1次欧洲优胜者杯冠军

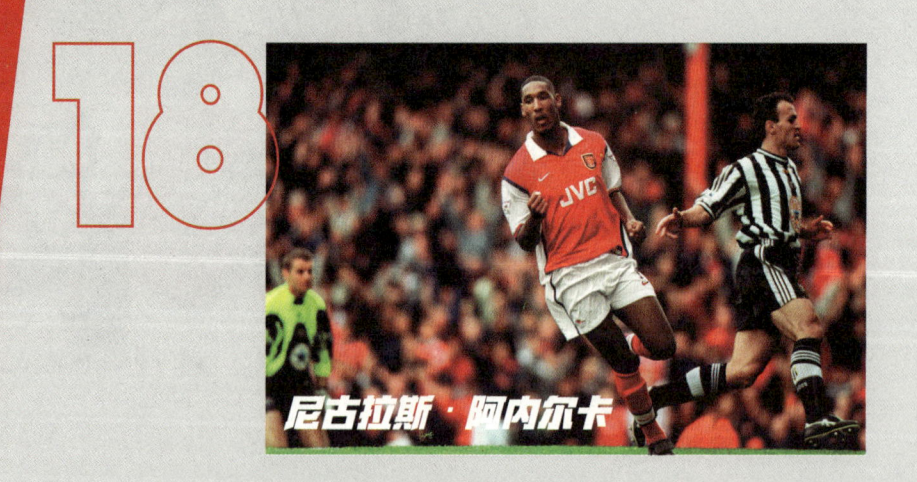

尼古拉斯·阿内尔卡

18

出生日期：1979年3月14日

效力年份：1997—1999

主要球衣号码：9号

数据：90场28球

球队荣誉：1次英超冠军、1次足总杯冠军、1次慈善盾杯冠军

19 保罗·默森

出生日期：1968年3月20日

效力年份：1985—1997

主要球衣号码：9号、11号、10号

数据：425场99球

球队荣誉：2次英甲冠军、1次足总杯冠军、1次联赛杯冠军、1次慈善盾杯冠军、1次欧洲优胜者杯冠军

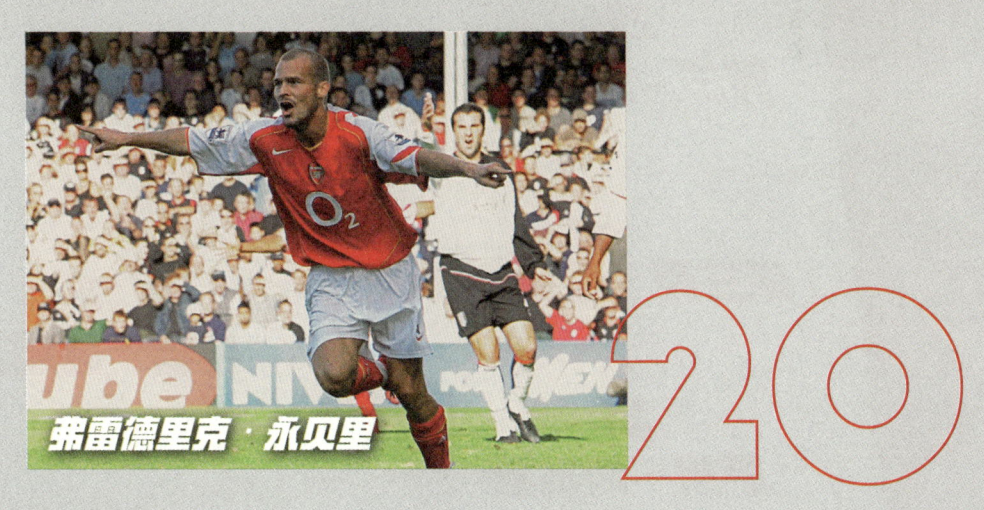

20 弗雷德里克·永贝里

出生日期：1977年4月16日

效力年份：1998—2007

主要球衣号码：8号

数据：328场72球

球队荣誉：2次英超冠军、3次足总杯冠军、1次慈善盾杯冠军

个人荣誉：1次英超赛季最佳球员

50大球星

21 帕特·詹宁斯

22 大卫·罗卡斯尔

23 帕特·莱斯

24 雷·帕洛尔

25 李·迪克逊

26 埃马纽埃尔·佩蒂特

27 布莱恩·塔尔波特

28 约翰·拉德福德

29 阿兰·史密斯

30 查理·乔治

31 弗兰克·麦克林托克

32 特德·德拉克

33 萨米·内尔森

34 肯尼·桑索姆

35 迈克尔·托马斯

36
塞斯克·法布雷加斯

37
丹尼·克莱普顿

38
查理·尼古拉斯

39
乔治·格拉汉姆

40
斯蒂夫·威廉姆斯

41
鲍勃·威尔逊

42
安迪·杜卡特

43
马尔科姆·麦克唐纳德

44
阿兰·鲍尔

45
阿历克斯·詹姆斯

46
弗兰克·斯塔普莱顿

47
托尼·伍德科克

48
大卫·杰克

49
彼特·斯托里

50
乔治·伊斯特哈姆

队史最佳阵容

主力阵容
（"442"阵形）

门将：大卫·希曼
后卫：李·迪克逊、托尼·亚当斯、索尔·坎贝尔、阿什利·科尔
中场：弗雷德里克·永贝里、帕特里克·维埃拉、吉尔伯托·席尔瓦、罗贝尔·皮雷斯
前锋：蒂埃里·亨利、丹尼斯·博格坎普

替补阵容
（"442"阵形）

门将：帕特·詹宁斯
后卫：帕特·莱斯、大卫·奥莱利、马丁·基翁、奈杰尔·温特伯恩
中场：马克·奥维马斯、大卫·罗卡斯尔、塞斯克·法布雷加斯、利亚姆·布拉迪
前锋：伊恩·赖特、查理·乔治

历届英超积分排名

赛季	总场数	胜场数	平局场数	负场数	积分	排名
1992—1993	42	15	11	16	56	10
1993—1994	42	18	17	7	71	4
1994—1995	42	13	12	17	51	12
1995—1996	38	17	12	9	63	5
1996—1997	38	19	11	8	68	3
1997—1998	38	23	9	6	78	1
1998—1999	38	22	12	4	78	2
1999—2000	38	22	7	9	73	2
2000—2001	38	20	10	8	70	2
2001—2002	38	26	9	3	87	1
2002—2003	38	23	9	6	78	2
2003—2004	38	26	12	0	90	1
2004—2005	38	25	8	5	83	2
2005—2006	38	20	7	11	67	4
2006—2007	38	19	11	8	68	4
2007—2008	38	24	11	3	83	3
2008—2009	38	20	12	6	72	4
2009—2010	38	23	6	9	75	3
2010—2011	38	19	11	8	68	4
2011—2012	38	21	7	10	70	3
2012—2013	38	21	10	7	73	4
2013—2014	38	24	7	7	79	4
2014—2015	38	22	9	7	75	3
2015—2016	38	20	11	7	71	2
2016—2017	38	23	6	9	75	5
2017—2018	38	19	6	13	63	6
2018—2019	38	21	7	10	70	5
2019—2020	38	14	14	10	56	8
2020—2021	38	18	7	13	61	8
2021—2022	38	22	3	13	69	5
2022—2023	38	26	6	6	84	2
2023—2024	38	28	5	5	89	2

截至 2023—2024 赛季结束

冠军荣誉

本土赛事

顶级联赛冠军（13个）：

英甲（10个）：1930—1931赛季、1932—1933赛季、1933—1934赛季、1934—1935赛季、1937—1938赛季、1947—1948赛季、1952—1953赛季、1970—1971赛季、1988—1989赛季、1990—1991赛季。

英超（3个）：1997—1998赛季、2001—2002赛季、2003—2004赛季。

足总杯（14个）：1929—1930赛季、1935—1936赛季、1949—1950赛季、1970—1971赛季、1978—1979赛季、1992—1993赛季、1997—1998赛季、2001—2002赛季、2002—2003赛季、2004—2005赛季、2013—2014赛季、2014—2015赛季、2016—2017赛季、2019—2020赛季。

联赛杯（2个）：1986—1987赛季、1992—1993赛季。

社区盾杯（含慈善盾杯，17个）：1930年、1931年、1933年、1934年、1938年、1948年、1953年、1991年*、1998年、1999年、2002年、2004年、2014年、2015年、2017年、2020年、2023年。

（标注*的为决赛双方共享冠军）

欧洲赛事

欧洲优胜者杯（1个）：1993—1994赛季。

国际城市博览会杯（1个）：1969—1970赛季。

纪录盘点

冠军纪录

1. 1929—1930赛季，获得队史首个足总杯冠军。
2. 1930年，获得队史首个慈善盾杯（社区盾杯）冠军。
3. 1930—1931赛季，获得队史首个英甲冠军。
4. 1934—1935赛季，队史首次实现英格兰顶级联赛三连冠。
5. 1970—1971赛季，获得队史首个英甲、足总杯"双冠王"。
6. 2003—2004赛季，成为英超历史上首支赛季不败夺冠的球队。
7. 2019—2020赛季，获得队史第14个足总杯冠军，成为英格兰足坛足总杯夺冠次数最多的球队。

比分纪录

1. 最大比分赢球

顶级联赛：1931年1月28日，阿森纳队9比1格里姆斯比镇队。
足总杯：1893年10月14日，阿森纳队12比0阿什福德联队。
欧冠：2007年10月23日，阿森纳队7比0布拉格斯拉维亚队。

2. 最大比分输球

顶级联赛：1909年10月2日，阿森纳队0比7布莱克本流浪者队。
　　　　　1922年10月14日，阿森纳队0比7西布罗姆维奇队。
　　　　　1925年10月3日，阿森纳队0比7纽卡斯尔联队。
　　　　　1927年3月7日，阿森纳队0比7西汉姆联队。
足总杯：1899年1月28日，阿森纳队0比6德比郡队。
欧冠：2015年11月4日，阿森纳队1比5拜仁慕尼黑队。
　　　2017年2月15日，阿森纳队1比5拜仁慕尼黑队。
　　　2017年3月7日，阿森纳队1比5拜仁慕尼黑队。

进球纪录

单赛季顶级联赛进球纪录：127球（1930—1931赛季）。

历史出场榜

排名	姓名	出场数
1	大卫·奥莱利	722
2	托尼·亚当斯	669
3	乔治·阿姆斯特朗	621
4	李·迪克逊	619
5	奈杰尔·温特伯恩	584
6	大卫·希曼	564
7	帕特·莱斯	528
8	彼特·斯托里	501
9	约翰·拉德福德	481
10	彼得·辛普森	477
11	鲍勃·约翰	470
12	雷·帕洛尔	466
13	格拉汉姆·里克斯	464
14	马丁·基翁	449
15	保罗·戴维斯	447
16	埃迪·哈普古德	440
17	保罗·默森	425
18	丹尼斯·博格坎普	423
19	帕特里克·维埃拉	406
20	弗兰克·麦克林托克	403

历史进球榜

排名	姓名	进球数
1	蒂埃里·亨利	228
2	伊恩·赖特	185
3	克利夫·巴斯汀	178
4	约翰·拉德福德	149
5	吉米·布莱恩	139
6	特德·德拉克	139
7	道格·里斯曼	137
8	罗宾·范佩西	132
9	乔·胡尔默	125
10	大卫·杰克	124
11	丹尼斯·博格坎普	120
12	雷格·刘易斯	118
13	阿兰·史密斯	115
13	杰克·兰伯特	109
15	弗兰克·斯塔普莱顿	108
16	西奥·沃尔科特	108
17	大卫·赫德	107
18	奥利维耶·吉鲁*	105
19	乔·贝克	100
20	保罗·默森	99
20	杰夫·斯特朗	72

注：标注 * 的为现役球员，本榜单仅取前 20 名。
数据截至 2023—2024 赛季结束

历任主帅及荣誉

主帅	任期	荣誉
托马斯·米切尔	1897—1898 年	
威廉·埃尔科特	1898—1899 年	
哈利·布拉德肖	1899—1904 年	
菲尔·凯尔索	1904—1908 年	
乔治·莫瑞尔	1908—1915 年	
莱斯利·奈顿	1919—1925 年	
赫伯特·查普曼	1925—1934 年	2 次英甲冠军、1 次足总杯冠军、3 次慈善盾杯冠军
乔·肖	1934 年	1 次英甲冠军
乔治·阿里森	1934—1947 年	2 次英甲冠军、1 次足总杯冠军、2 次慈善盾杯冠军
汤姆·惠特克	1947—1956 年	2 次英甲冠军、1 次足总杯冠军、2 次慈善盾杯冠军
杰克·克雷斯顿	1956—1958 年	
乔治·斯文丁	1958—1962 年	
比利·赖特	1962—1966 年	
伯尔蒂·米	1966—1976 年	1 次英甲冠军、1 次足总杯冠军、1 次国际城市博览会杯冠军
特里·尼尔	1976—1983 年	1 次足总杯冠军
唐·豪	1984—1986 年	
史蒂夫·伯滕肖	1986 年	
乔治·格拉汉姆	1986—1995 年	2 次英甲冠军、1 足总杯冠军、2 次联赛杯冠军、1 次慈善盾杯冠军、1 次欧洲优胜者杯冠军
斯图尔特·休斯顿	1995 年	
布鲁斯·里奥奇	1995—1996 年	
斯图尔特·休斯顿	1996 年	
帕特·莱斯	1996 年	
阿尔赛纳·温格	1996—2018 年	3 次英超冠军、7 次足总杯冠军、7 次社区盾杯（慈善盾杯）冠军
乌奈·埃梅里	2018—2019 年	
弗雷德里克·永贝里	2019 年	
米克尔·阿尔特塔	2019 年至今	1 次足总杯冠军、2 次社区盾杯冠军

历任队长
（二战之后）

乔治·马勒（1946—1947年）	肯尼·桑森（1986—1988年）
乔·默瑟（1947—1954年）	托尼·亚当斯（1988—2002年）
吉米·洛吉（1954—1955年）	帕特里克·维埃拉（2002—2005年）
瓦利·巴恩斯（1955—1956年）	蒂埃里·亨利（2005—2007年）
丹尼斯·埃文斯（1956—1958年）	威廉·加拉斯（2007—2008年）
戴夫·鲍温（1958—1959年）	塞斯克·法布雷加斯（2008—2011年）
维奇·格洛弗斯（1959—1962年）	罗宾·范佩西（2011—2012年）
特里·尼尔（1962—1963年）	托马斯·维尔马伦（2012—2014年）
乔治·伊斯特哈姆（1963—1966年）	米克尔·阿尔特塔（2014—2016年）
唐·豪（1966—1967年）	佩尔·默特萨克（2016—2018年）
弗兰克·麦克林托克（1967—1973年）	劳伦特·科斯切尔尼（2018—2019年）
阿兰·鲍尔（1973—1976年）	格拉尼特·扎卡（2019年）
帕特·莱斯（1976—1980年）	皮埃尔-埃梅里克·奥巴梅扬（2019—2021年）
大卫·奥莱利（1980—1983年）	亚历山大·拉卡泽特（2021—2022年）
格拉汉姆·里克斯（1983—1986年）	马丁·厄德高（2022年开始）

历任主席
（二战之后）

萨穆埃尔·希尔-伍德爵士（1946—1949年）	奇普斯·克斯维克爵士（2013—2020年）
布雷斯韦尔·史密斯爵士（1949—1962年）	斯坦·克伦克（2020—2023年）
丹尼斯·希尔-伍德（1962—1982年）	斯坦·克伦克与乔什·克伦克（2023年开始）
彼得·希尔-伍德（1982—2013年）	

主场变迁

庄园球场

在阿森纳队建队初期,球队并没有固定的主场,最开始使用庄园球场,1890年搬至因维克塔球场,随着因维克塔球场的租金上涨,阿森纳队在1893年搬回庄园球场,并使用该球场至1913年。

海布里球场

海布里球场建成于1913年,可容纳38,500人。同年9月,阿森纳队在海布里球场迎来揭幕战,2比1击败了莱斯特城队。

海布里球场的西看台于1932年开放,是当时英格兰最现代化的看台。1936年,球场的东看台落成,那里有一座大理石建成的大厅,还有赫伯特·查普曼的雕像。

阿森纳队在海布里球场度过了93个春秋,这座球场也见证了阿森纳队的峥嵘岁月。

1935年3月9日,阿森纳队迎战桑德兰队,只能容纳38,500人的海布里球场涌入了73,295名观众观赛,这一纪录一直保持至今。

1996年10月19日,海布里球场迎来温格执教阿森纳队的首场主场比赛。

2004年8月25日,阿森纳队在海布里球场3比0击败布莱克本流浪者队,取得顶级联赛43场不败,打破了诺丁汉森林队保持的42场不败纪录。

2005年11月26日,阿森纳队在海布里球场3比0击败布莱克本流浪者队,亨利攻入个人在这座球场的第100球,成为英超首位在同一球场攻入100球的球员。

2006年5月7日,阿森纳队在海布里球场的告别战中以4比2击败维冈竞技队,拥有93年历史的海布里球场完美地完成了自己的使命。

酋长球场

酋长球场于2004年动工，2006年竣工，可容纳6万余人。阿森纳队在2006—2007赛季搬至酋长球场。

酋长球场由4层阶梯式的碗状看台组成，看台顶部有一个由聚碳酸酯制成的半透明上盖。球场的正面装有玻璃，让球迷能从外部看见看台的内部。

2009年，球场外墙增设了8幅大型壁画，画着32位阿森纳队的传奇球星，球星们搭着肩，制造出"拥抱整个球场"的效果。在大壁画下方，画有小型壁画，内容是由球迷选出的阿森纳队历史上12个伟大的时刻。

2011年，为庆祝阿森纳队建队125周年，球场外围设立了三座铜像，分别是赫伯特·查普曼、托尼·亚当斯和蒂埃里·亨利。

2023年，温格的铜像在酋长球场北看台一侧揭幕，这座铜像还原的是温格在2003—2004赛季举起英超奖杯的瞬间。

队歌

1998年，阿森纳队加冕"双冠王"，*Hot Stuff*（冠军之师）成为球队的队歌，其改编自唐娜·莎曼的同名歌曲，歌词中嵌入了当时阿森纳队球员的名字：

Hot Stuff（冠军之师）

Started out the season
赛季一旦开始
Nothing stopped us
就没有什么能阻挡我们
Everything was going Wright Wright Wright
一切都有条不紊（Wright指伊恩·赖特）
Walking in a Bergkamp Wonderland
走进博格坎普带来的仙境
When Parlour was our Ray of light
帕洛尔是我们最耀眼的光芒（帕洛尔全名Ray Parlour）
Gunner see the Arsenal playing some Hot Stuff
"枪迷"见证阿森纳队成为冠军之师
Let's see the Arsenal showing them how
现在让阿森纳队来教他们做人
Come on you Arsenal
加油阿森纳队
Yeah you're the Hot Stuff
你就是冠军之师
Keep telling us we're boring
继续说我们踢得沉闷吧
We'll just keep on scoring now
我们会继续用进球堵住你的嘴
The Arsenal
阿森纳队

Come on you Arsenal
加油阿森纳队
The Arsenal
阿森纳队
We were on the march with Arsène's army
我们与温格的阿森纳队一同前进
With Tony, Martin, Nigel and Lee
与托尼、马丁、奈杰尔和李一起
And vivent les Francais, Rami, Gilles and Patrick
还有法国人雷米、吉尔斯和帕特里克
Et tu es magnifique mon Petit
以及伟大的男人佩蒂特
We got Matthew and Luis playing some Hot Stuff
我们的队伍中还有马修和路易斯
Christopher and Nicolas showing them how
克里斯托弗和尼古拉斯在教他们做人
Give a shout for Platty, Hughesy, Bouldy and Alex
为普拉特、休斯、博尔德和亚历克斯欢呼吧
Keep telling us we're boring
继续说我们踢得沉闷吧
We'll just keep on scoring now
我们会继续用进球堵住你的嘴
The Arsenal
阿森纳队

Come on you Arsenal
加油阿森纳队
The Arsenal
阿森纳队
"One nil to the Arsenal", sang the Gooners
"枪迷"高唱着"阿森纳队1比0领先"
By April it was all Over-mars
四月我们就将夺冠军（Overmars指马克·奥维马斯）
England's number one came back a hero
英格兰之王将上演王者归来
And goals were coming hard and fast
进球都来得快速而精彩

Gunner see the Arsenal playing some Hot Stuff
"枪迷"见证阿森纳队成为冠军之师
Got the Red and White's all showing them how
"红白军团"来教他们做人
Come on you Arsenal
加油阿森纳队
Yeah you're the Hot Stuff
你就是冠军之师
Keep telling us we're boring
继续说我们踢得沉闷吧
We'll just keep on scoring now
我们会继续用进球堵住你的嘴

随着传奇们相继离去，如今的阿森纳队诞生了一首新的队歌——*The Angel*（安吉尔区，阿森纳队所在地），又名*North London Forever*（永远的北伦敦），"枪迷"在比赛开场时通常会合唱其副歌部分：

The Angel（安吉尔区）

North London forever
永远的北伦敦
Whatever the weather
无论天气如何变化
These streets are our own
这些街道都属于我们

And my heart will leave you never
我的心永远不会离开你
My blood will forever
我的血液将永远
Run through the stone
流淌在北伦敦的石头上

联赛十大战役

1 1970—1971 赛季第 34 轮：阿森纳队 1 比 0 热刺队

阿森纳队来到死敌的白鹿巷球场，只要赢球或者0比0平局就能夺冠，但如果输球或者出现有进球的平局，就将丢掉冠军。雷·肯尼迪在第88分钟打入绝杀球，阿森纳队如愿以偿，时隔18年再次夺得顶级联赛冠军。

2 1988—1989 赛季第 35 轮：阿森纳队 2 比 0 利物浦队

阿森纳队做客安菲尔德球场，必须净胜利物浦队两球才能夺得冠军。第52分钟，阿兰·史密斯终于打破僵局，但1比0的优势还不够。伤停补时阶段，迈克尔·托马斯捅射破门，打入了至关重要的第二球，也让阿森纳队自1971年之后再次夺得顶级联赛冠军。

203

联赛十大战役

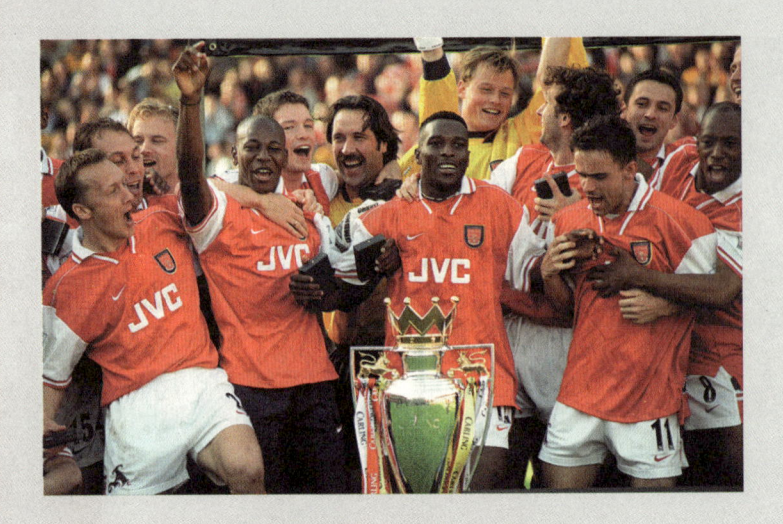

3 1997—1998 赛季第 37 轮：
阿森纳队 4 比 0 埃弗顿队

这个赛季阿森纳队曾一度落后曼联队多达12分，但最终上演神奇逆转，完成反超。倒数第二轮，凭借马克·奥维马斯的梅开二度、队长托尼·亚当斯的进球，还有对手打入的乌龙球，"枪手"轻松获胜，锁定球队历史上第一个英超冠军。

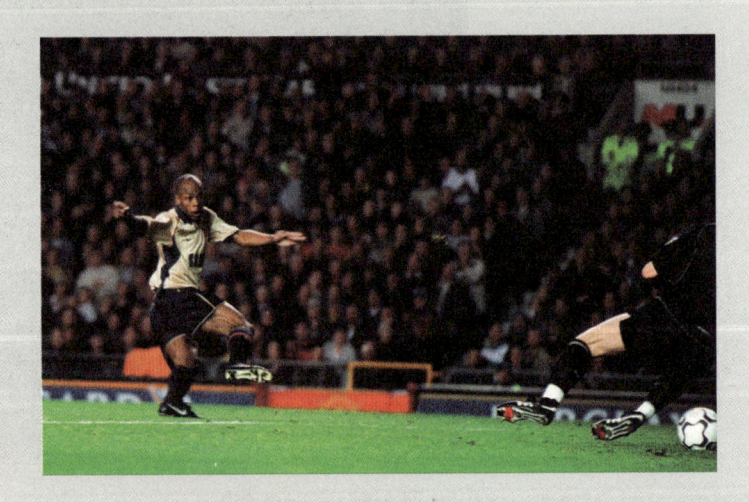

4 2001—2002 赛季第 35 轮：
阿森纳队 1 比 0 曼联队

英超的"天王山之战"，阿森纳队做客老特拉福德球场，只要取胜，联赛冠军归属就将失去悬念。西尔万·维尔托德取得全场比赛的唯一进球，阿森纳队成功登顶积分榜，第二次捧起英超冠军奖杯。

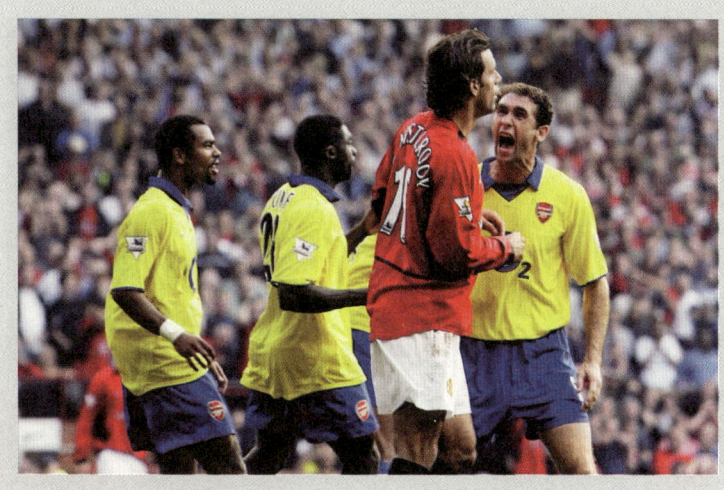

5

2003—2004 赛季第 6 轮：
阿森纳队 0 比 0 曼联队

这场比赛虽然双方都没有取得进球，但是温格带领的阿森纳队以非常顽强的作风，让人见识到了"枪手"铁血的一面，马丁·基翁冲着范尼斯特鲁伊怒吼的画面，成为英超历史上的经典瞬间。

6 2003—2004 赛季第 35 轮：
阿森纳队 2 比 2 热刺队

这个赛季比不败夺冠更令阿森纳队球迷兴奋的，是在北伦敦同城死敌的球场赢得冠军。阿森纳队在上半场取得2比0的领先，虽然最终被热刺队扳平比分，但一场平局足以让"枪手"提前四轮夺冠，第三次问鼎英超。

205

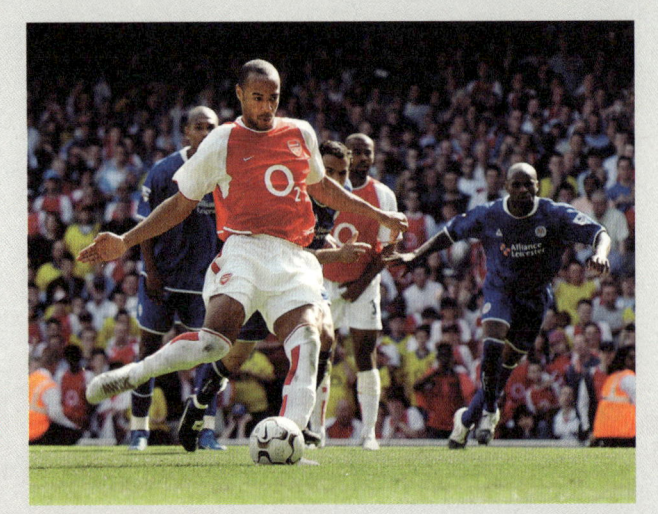

7
2003—2004 赛季第 38 轮：
阿森纳队 2 比 1 莱斯特城队

莱斯特城队在比赛第26分钟率先取得领先，阿森纳队要在收官战遭遇联赛的赛季首败了？亨利和维埃拉说不！他们各入一球，帮助"枪手"2比1逆转取胜。38轮取得26胜12平0负，阿森纳成为英超历史上第一支单赛季保持不败的球队。

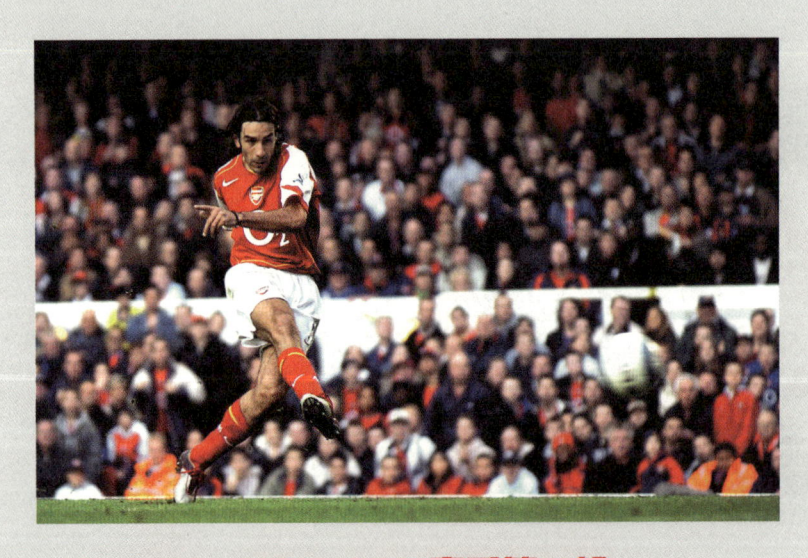

8
2004—2005 赛季第 9 轮：
阿森纳队 3 比 1 阿斯顿维拉队

对于阿森纳队来说，这场比赛的意义当然不止于在第3分钟丢球之后完成了3球大逆转，更重要的是在击败阿斯顿维拉队之后，"枪手"已经完成了联赛49场不败，取得36胜13平的成绩，这也是英格兰顶级足球联赛历史上的最长不败纪录。

联赛十大战役

9 **2008—2009 赛季第 33 轮：**
阿森纳队 4 比 4 利物浦队

　　上半场，阿森纳队只是1比0领先，这看上去就是一场平平无奇的比赛，谁也没有想到下半场两队竟然一共打入7球！费尔南多·托雷斯和约西·贝纳永双双梅开二度，已经非常神奇，但是这在俄罗斯球星安德烈·阿尔沙文整场比赛的"大四喜"面前都不算什么。

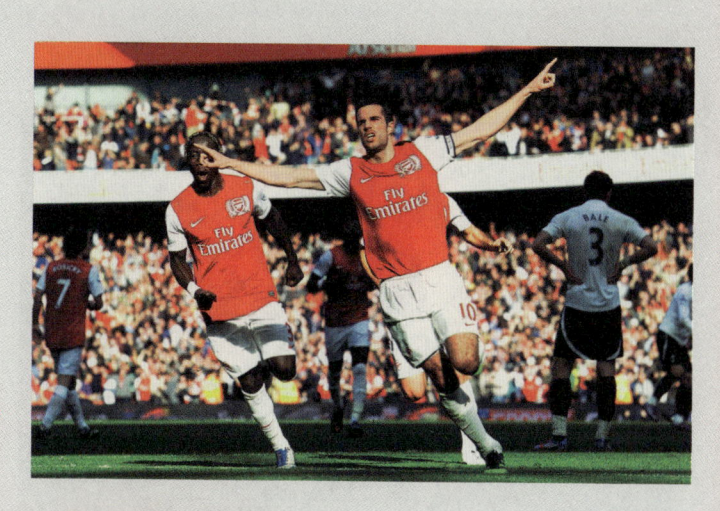

10 **2011—2012 赛季第 26 轮：**
阿森纳队 5 比 2 热刺队

　　这是历史上最经典的北伦敦德比之一，阿森纳队一度0比2落后，但在第40分钟吹响反击的号角，巴卡里·萨尼亚、范佩西、罗西基各入一球将比分反超，而沃尔科特3分钟内梅开二度，更是让"枪手"在第68分钟就完成了"让二追五"的好戏，提前"打卡下班"。

欧洲赛事十大战役

1

1969—1970 赛季国际城市博览会杯决赛次回合：阿森纳队 3 比 0 安德莱赫特队

首回合较量，阿森纳队1比3不敌对手处于下风，但是第二回合，"枪手"打入3球，并且零封对手，最终完成总比分4比3的逆转，夺得球队历史上的第一座欧洲赛事奖杯。

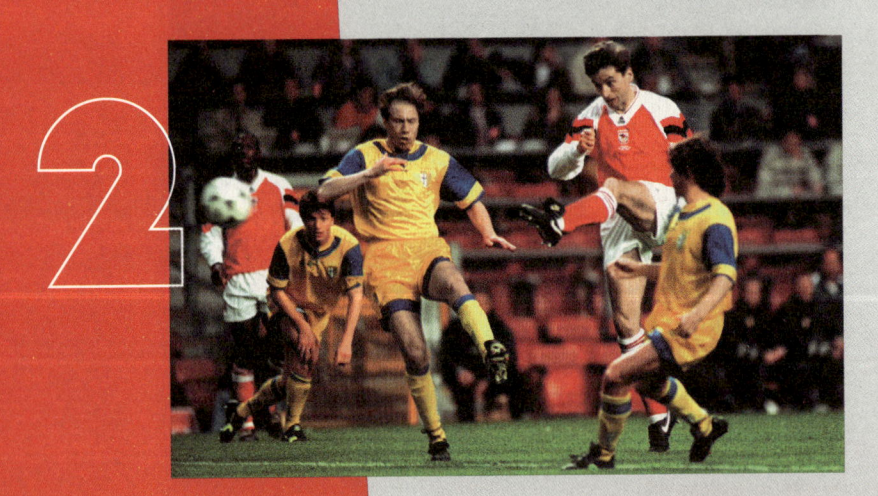

2

1993—1994 赛季欧洲优胜者杯决赛：阿森纳队 1 比 0 帕尔马队

这是温格第一次率领阿森纳队进入欧洲赛事的决赛，帕尔马队阵中拥有詹弗兰科·佐拉、法斯蒂诺·阿斯普里拉、托马斯·布洛林等世界级球星，但"枪手"还是依靠阿兰·史密斯的全场比赛唯一进球夺得冠军。

2003—2004 赛季欧冠小组赛第 5 轮：
阿森纳队 5 比 1 国际米兰队

在梅阿查球场，阿森纳队出人意料地5比1击败国际米兰队，亨利大显身手，不仅梅开二度，还送出两次助攻，一人独造4球。

2005—2006 赛季欧冠 1/8 决赛首回合：
阿森纳队 1 比 0 皇马队

阿森纳队做客伯纳乌球场，亨利单枪匹马闯过对手整条防线，用左脚将球打入伊戈尔·卡西利亚斯把守的球门，这是全场比赛的唯一进球，也是双方两回合较量的唯一进球。

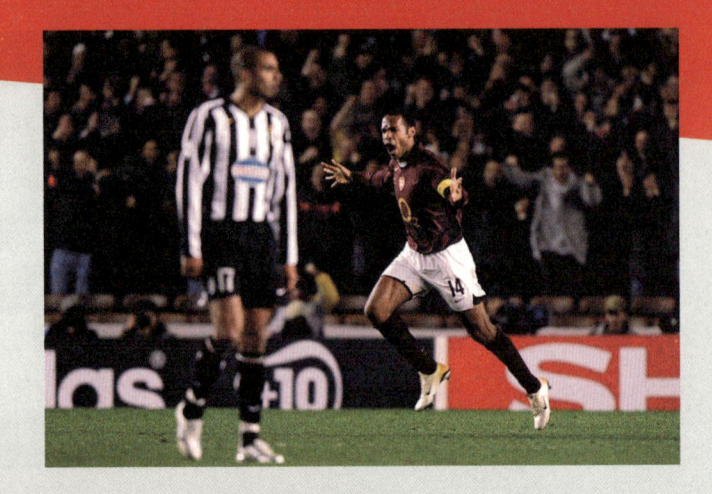

2005—2006 赛季欧冠 1/4 决赛首回合：
阿森纳队 2 比 0 尤文图斯队

面对"电话门"事件爆发前如日中天的尤文图斯队，面对重返海布里球场的维埃拉，阿森纳队所向披靡，法布雷加斯和亨利互相传射建功，奉献了一场精彩的比赛。

2005—2006 赛季欧冠半决赛次回合：
阿森纳队 0 比 0 比利亚雷亚尔队

首回合阿森纳队1比0取胜占据先机，但是次回合回到海布里球场，"枪手"在最后时刻被判罚点球，关键时刻莱曼挺身而出，将阿根廷球星胡安·罗曼·里克尔梅主罚的点球扑出，避免球队总比分被追平、进入加时赛的绝境，"枪手"也得以第一次闯入欧冠决赛。

欧洲赛事大役
欧赛十战

2005—2006 赛季欧冠决赛：
阿森纳队 1 比 2 巴萨队

这是阿森纳队历史上的第一场欧冠决赛，虽然在第18分钟就遭遇莱曼被罚下的重创，但"枪手"还是依靠索尔·坎贝尔在第37分钟的头球破门取得领先。然而，巴萨队在下半场连进两球将比分反超。最终，阿森纳队遗憾落败，与欧冠奖杯擦肩而过。

2007—2008 赛季欧冠小组赛第 3 轮：
阿森纳队 7 比 0 布拉格斯拉维亚队

在酋长球场面对布拉格斯拉维亚队，阿森纳队毫不留情，沃尔科特和法布雷加斯双双梅开二度，白俄罗斯边锋赫莱布和丹麦中锋尼克拉斯·本特纳各有一球入账，对手还送上乌龙球大礼，而7比0的比分也追平了"枪手"在欧洲赛事中的最大比分胜利纪录。

欧洲赛事十大战役

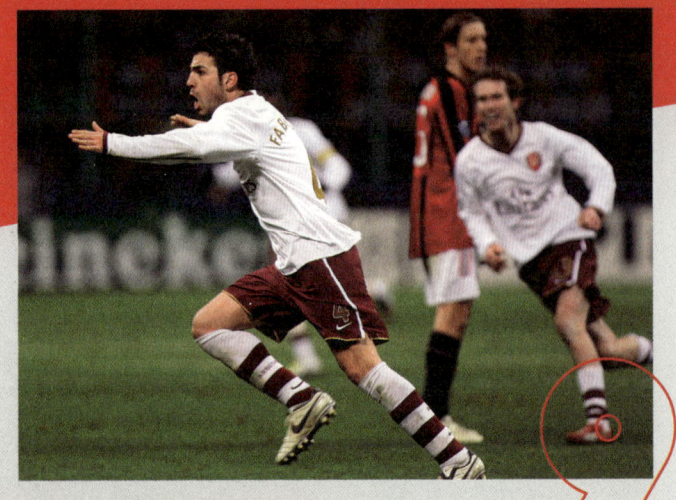

2007—2008 赛季欧冠 1/8 决赛次回合：
阿森纳队 2 比 0 AC 米兰队

阿森纳队做客圣西罗球场挑战上届欧冠冠军，当时的 AC 米兰队兵强马壮，拥有亚历山大·帕托、卡卡、菲利波·因扎吉等球星，但"枪手"在最后时刻爆发，法布雷加斯在第 84 分钟打破僵局，埃马纽埃尔·阿德巴约在伤停补时阶段破门，彻底锁定胜局。

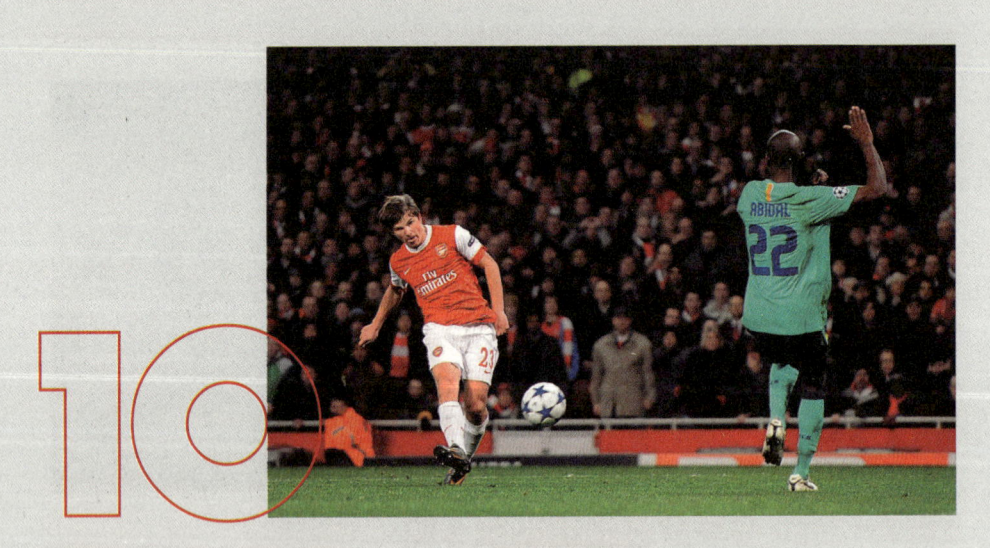

2010—2011 赛季欧冠 1/8 决赛首回合：
阿森纳队 2 比 1 巴萨队

经历 2005—2006 赛季欧冠决赛的遗憾之后，阿森纳队再战巴萨队，上半场梅西助攻大卫·比利亚破门，巴萨队在酋长球场率先取得领先，但在第 78 分钟和第 83 分钟，范佩西和阿尔沙文各下一城，帮助"枪手"成功逆转对手。

中国情缘

早在1995年，阿森纳队就曾经访问过中国，一年前刚刚获得欧洲优胜者杯冠军的"枪手"在工人体育场与北京国安队进行了一场友谊赛，出人意料地被北京国安队1比2击败，让当时的"工体不败"神话更加盛行。那次访问，大卫·希曼、托尼·亚当斯和伊恩·赖特还在故宫颠球，留下了珍贵的照片。

2011年，阿森纳队时隔16年再次开启中国行，这是温格第一次以"枪手"主教练的身份来到中国，他还被浙江大学聘请为客座研究员。球队也以乒乓球为主题拍摄了宣传片。值得一提的是，阿森纳队还与当时的杭州绿城队踢了一场友谊赛，最终双方1比1握手言和。

2012年，阿森纳队再次来华，并在北京"鸟巢"与曼城队进行了比赛，当时，阿森纳队现任主帅阿尔特塔以球员身份第一次来中国，维尔马伦还以"少林寺武僧"的形象拍摄了宣传片。可惜的是，在瓢泼大雨中，"枪手"0比2输给了曼城队。

2017年，温格最后一次带队造访中国，这次宣传片的拍摄元素是龙舟，不少球员还在球迷见面会上表演了武术。阿森纳队不仅参加了在上海举行的国际冠军杯，还在"鸟巢"与切尔西队进行了伦敦超级德比杯。